아이가 주인공인 책

아이는 스스로 생각하고 성장합니다.
아이를 존중하고 가능성을 믿을 때
새로운 문제들을 스스로 해결해 나갈 수 있습니다.

〈기적의 학습서〉는 아이가 주인공인 책입니다.
탄탄한 실력을 만드는 체계적인 학습법으로
아이의 공부 자신감을 높여줍니다.

가능성과 꿈을 응원해 주세요.
아이가 주인공인 분위기를 만들어 주고,
작은 노력과 땀방울에 큰 박수를 보내 주세요.
〈기적의 학습서〉가 자녀교육에 힘이 되겠습니다.

안녕, 우리는 비법걸&비법보이야.

디자이너 다츠쌤이 우리를 귀엽게 만들어 주셨고,
이름은 길벗스쿨 기적쌤이 지어주셨지.
아직 그렇게 유명하진 않은데...
너희들이 예뻐라 해 주면 우리도 빵 뜨지 않을까? ^^
우리는 이 책에서 초등 전 학년을 맡고 있지!
이 책으로 너희들이 독해를 잘하려면 우리가 하는 얘기를 잘 들어줘야 해.
우리가 전수하는 비법대로만 따라 하면 독해 그까짓 거 식은 죽 먹기라고~!
같이 해 보자~~!!

초등 문해력, **읽기**로 시작한다!

기본편

길벗스쿨

기 적 의 독해력 ❶ 초등 1학년 기본편

초판 1쇄 발행 2021년 3월 3일
개정 1쇄 발행 2024년 6월 1일

지은이 기적학습연구소
발행인 이종원
발행처 길벗스쿨
출판사 등록일 2006년 6월 16일
주소 서울시 마포구 월드컵로 10길 56(서교동 467-9)
대표 전화 02)332-0931 | **팩스** 02)323-0586
홈페이지 www.gilbutschool.co.kr | **이메일** gilbut@gilbut.co.kr

총괄 신경아(skalion@gilbut.co.kr) | **기획 편집** 박은숙, 유명희, 이은정, 이재숙
제작 이준호, 손일순, 이진혁 | **영업마케팅** 문세연, 박선경, 박다슬 | **웹마케팅** 박달님, 이재윤, 나혜연
영업관리 김명자, 정경화 | **독자지원** 윤정아

표지 디자인 디자인비따 | **본문 디자인** (주)더다츠 | **전산편집** 린 기획
표지 일러스트 이승정 | **본문 일러스트** 김재곤
CTP출력 및 인쇄 교보피앤비 | **제본** 신정문화사

ISBN 979-11-6406-679-7 64710
(길벗스쿨 도서번호 10918)
정가 11,000원

독자의 1초를 아껴주는 정성 길벗출판사

길벗스쿨 | 국어학습서, 수학학습서, 유아콘텐츠유닛, 어학학습서, 어린이교양서, 교과서, 길벗스쿨콘텐츠유닛
길벗 | IT실용서, IT/일반 수험서, IT전문서, 어학단행본, 어학수험서, 경제실용서, 취미실용서, 건강실용서, 자녀교육서
더퀘스트 | 인문교양서, 비즈니스서

머리말을 대신하는 응원 메시지

『기적의 독해력』을 펼친 여러분께 우선 박수를 보냅니다.

이 책은 여러분의 독해력을 키우기 위해 만든 책이에요. '독해력'이 뭐냐고요? 읽을 독(讀), 이해할 해(解), 힘 력(力) 자를 써서, 글을 읽고 이해하는 능력(힘)을 말해요. 지금처럼 이 글을 읽고 무슨 뜻인지 알겠으면 독해가 되고 있다는 거고요. 이 글을 읽고는 있지만 도통 무슨 말인지 모르겠으면 독해가 잘 안되고 있다고 할 수 있죠.

우리는 살면서 많은 글을 읽어요. 그림책, 동화책, 교과서, 하다못해 과자 봉지에 있는 글까지. 그런데 이렇게 많은 글을 읽어도 이해하지 못한다면 얼마나 답답할까요? 글을 읽고 이해가 되어야 깨닫게 되고, 몰랐던 것을 알게 되고, 또 이어질 여러 가지 문제를 해결할 수도 있는데 말이죠.

그래서 '독해'는 모든 공부의 시작이고, '독해력'은 우리가 가져야 할 제일 중요한 능력 중의 하나이지요.

여러분이 펼친 『기적의 독해력』 시리즈는 여러분이 초등 공부를 시작할 때부터 완성할 때까지 함께할 비법서랍니다. 예비 초등학생을 위한 한 문장 독해부터 중학교 입학을 앞둔 6학년을 위한 복합적인 글 독해까지, 기본을 세우고 실력을 다질 수 있는 다양한 유형의 독해 글감과 핵심을 파고드는 문제들을 담고 있어요.

혹시 "글 속에 답이 있다!", "문제에 답이 있다!"라는 말을 들어 보았나요?
『기적의 독해력』 시리즈로 공부하면 여러분은 분명 그 해답을 쉽게 깨치게 됩니다.

잠깐, 쉽다고 대충 하지는 말아요! 글을 꼼꼼히 읽고 내가 잘 읽었는지 찬찬히 떠올리면서 문제까지 수월하게 해결해 나가는 게 가장 핵심이 되는 독해 비법이랍니다. 가끔 문제는 틀려도 돼요. 틀리면서 배우는 게 훨씬 많으니까요!
자, 머뭇거리지 말고 한번 시작해 보세요.

2021년 2월
기적학습연구소 국어팀 일동

독해력, 그것이 알고 싶다!

Q 독해력을 기르려면 무엇부터 해야 할까요?

A 다양한 글을 읽어야지요. 독해력은 하루아침에 길러지는 역량이 아닙니다. 하루에 한 편씩 짧은 글이라도 읽는 습관을 만들어 주는 것이 중요합니다. 또 자신이 읽은 글의 내용을 정리해 본다거나 한 문장으로 요약해 보는 습관을 기른다면 아주 효과적인 독해력 상승을 기대할 수 있습니다. 이 대목에서 '책 읽기'는 두말하면 입 아프겠지요? ^^;

Q 초등 입학 전에 독해 공부가 필요할까요?

A 초등학교에 입학해서 처음 보는 교과서는 기존에 봤던 그림책과는 구조와 수준이 달라서 급격하게 어려움을 느낄 수도 있습니다. 특히 문제 풀이에 어려움을 겪을 수 있으니 간단하고 짧은 글을 읽고, 내용을 이해했는지 가볍게 훑어보며 문제를 푸는 연습을 하면 초등 공부에 큰 도움이 될 것입니다.

Q 읽기는 하는데, 문제를 이해하지 못하는 것 같아요.

A 읽으면 바로 이해할 수 있는 쉬운 문제들도 있지만, 국어 개념이 바탕이 되어야 풀 수 있거나 보기를 읽고 두 번 세 번 확인해 봐야 답을 찾을 수 있는 독해 문제들도 많습니다. 문제를 이해하지 못한다는 것은 1차적으로는 그 문제를 출제한 의도를 파악하지 못하고 있다는 거고요. 그다음엔 어떻게 답을 찾아야 할지 방법을 모르고 있다는 것입니다. 독해도 일종의 기술이 필요한 공부거든요. 무턱대고 읽고 푼다고 해서 독해력이 생기는 것은 아닙니다. 글을 읽는 방법, 문제를 푸는 방법을 알고 있어야 보다 효과적으로 독해의 산을 넘을 수 있습니다.

Q 어휘력도 중요한 거 같은데, 어떻게 길러야 할까요?

A 어휘력은 독해력을 키우는 무기와 같습니다. 글을 잘 읽다가도 낯선 어휘에서 멈칫하거나 그 뜻을 파악하지 못해서 독해가 안되는 경우가 많거든요. 어휘력 역시 단번에 키우긴 어렵습니다. 그래서 독해 훈련을 통해 어휘력을 키우는 방법을 추천합니다. 글을 읽을 때 낯선 어휘를 만나면 문맥의 의미를 파악하는 연습을 꾸준히 하는 거죠. 그래도 모르는 낱말은 그냥 넘어가지 말고 국어사전을 찾아보는 습관을 들이세요.

Q 시중에 나와 있는 독해력 교재가 너무 많더라고요. 어떤 게 좋은 거죠?

A 단연 『기적의 독해력』을 꼽고 싶습니다만, 시중에 나와 있는 독해력 교재들이 모두 훌륭하더군요. 일단은 아이의 수준에 맞게 선택하는 게 가장 현명할 것입니다. 방법을 잘 몰라서 문제 풀이에 어려움을 겪는 친구들은 독해의 기본기를 다룬 쉬운 교재를, 어느 정도 독해가 가능한 친구들은 다양한 문제를 풀어 볼 수 있는 실전 교재를 선택해 보는 것이 좋습니다. (마침 『기적의 독해력』이 딱 그런 구성을 갖추고 있습니다.)

Q 『기적의 독해력』은 어떻게 바뀌었나요?

A 예비 초등(0학년)을 시작으로 6학년까지 학년별로 2권씩 구성되어 있습니다. 단계와 난이도가 종전보다 세분화되었는데요. 특히 독해 문제 풀이에 어려움을 겪는 친구들을 위해 독해 비법을 강화하여 독해의 기본기를 다진 후에 실전 문제로 실력을 완성시킬 수 있도록 구조화하였습니다.

기본편   **실력편**

기본편 은 독해의 시작이라 할 수 있는 기본서입니다. 학년별로 16가지의 독해 비법을 담고 있지요. 글의 종류에 따라 읽는 방법과 필수 유형 문제를 효과적으로 푸는 방법을 친절하게 안내하고 있어요.

실력편 은 독해의 완성이라 할 수 있는 실력서입니다. 교과 과정에 맞춘 실전 문제와 최상위 독해로 구성하여 앞서 배운 비법을 그대로 적용하면서 실력을 키울 수 있습니다.

Q 그럼 두 권을 같이 보나요?

A 독해 문제가 익숙하지 않은 친구는 **기본편** 으로 독해의 기초를 탄탄하게 쌓으면 되고요. 독해 문제가 익숙한 친구는 **실력편** 으로 단계를 올려서 실전에 대비하는 것도 필요합니다. 1학기는 **기본편** 으로, 2학기는 **실력편** 으로 촘촘하게 독해력을 키워 보는 것은 어떨까요?

Q **실력편** 의 최상위 독해는 어떤 독해인가요?

A 최상위 독해는 복합 지문과 통합형 문제로 구성된 특별 코너입니다. 일반적인 독해가 단편적인 하나의 글을 읽고, 기본적인 문제를 풀어 가는 것이라면 **실력편** 5일 차에 수록된 복합 지문은 두 가지 이상의 글을 읽고 문제를 해결해야 하는 난이도가 높은 독해입니다. 같은 주제를 다루고 있는 두 편의 글이나 소재는 다르지만 종류는 같은 두 편의 글을 읽고, 통합 사고력 문제를 해결해야 해서 기존의 독해 문제보다는 조금 어려울 수 있습니다.

쉬운 글과 기본 문제만으로는 실력을 키우기 어렵지요. 자신의 수준보다 약간 어려운 문제도 해결하면서 실력을 월등하게 키워 나가길 바랍니다.

Q 『기적의 독서 논술』과는 어떤 차이가 있나요?

A 독해력이 모든 공부의 시작이라면, 독서 논술은 모든 공부의 완성이라 할 수 있습니다. 독해력이 단편적인 글을 읽고 이해하며 적용해 가는 훈련이라면, 독서 논술은 한 편의 긴 글을 읽고, 자신의 생각을 정리해서 표현해 보는 훈련 과정을 거치기 때문에 두 시리즈 모두 국어 실력 향상에는 꼭 필요한 교재랍니다. 한 학년에 독해력 2권, 독서 논술 2권이면 기본과 실력을 모두 갖추게 될 것입니다.

구성과 특징

01
하루 4쪽
DAY 학습

02
갈래별
독해 비법

이야기

시

정보가 담긴 글

의견이 담긴 글

03
3단계
독해 훈련

비법
↓
적용
↓
정리

1단계　독해 비법을 파악하라

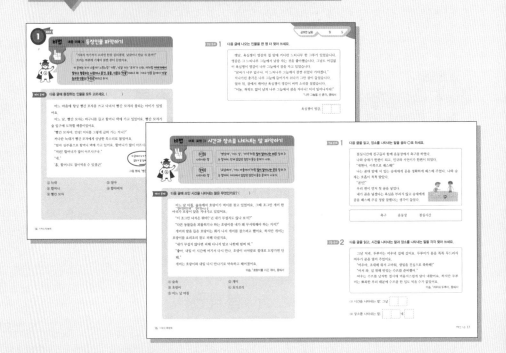

👆 독해 비법

갈래별 4가지 독해 비법을 제시하였습니다.
'비법 걸'과 '비법 보이'의 설명에 따라 유형별 독해 비법을 꼭 확인하세요.

예시 문제

비법의 설명을 그대로 적용한 예시 문제를 풀어 보세요.
어떻게 풀어야 할지 감을 잡을 수 있어요.

연습 문제

비슷한 유형의 다른 문제를 풀면서 비법을 연습해 보세요.

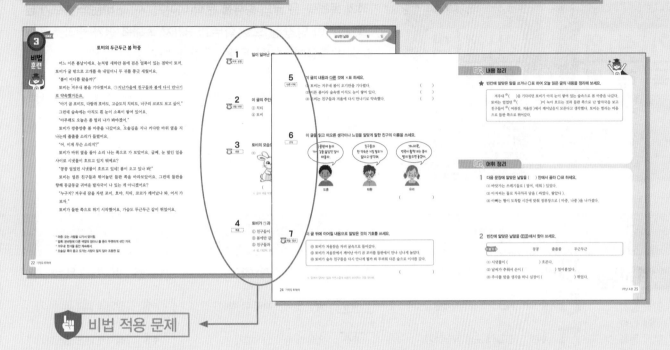

👆 비법 적용 문제

📍 **독** (讀): 이야기, 시, 정보가 담긴 글, 의견이 담긴 글이 지문으로 제시됩니다. 다양한 분야의 글을 읽으면서 생각을 정리하고, 내용을 유기적으로 연결하는 훈련을 해 봅시다.

📍 **해** (解): 글의 내용을 제대로 이해했다면 풀 수 있는 핵심적인 문제를 출제하였습니다. 앞서 배운 독해 비법(방패 표시)을 떠올리며 제시된 문제를 해결해 봅시다.

🔖 **내용 정리**

글의 내용을 요약 정리합니다. 빈칸을 채우거나 알맞은 내용에 ○표 하며, 독해를 마무리합니다.

🔍 **어휘 정리**

글에 나온 주요 어휘들을 문제로 정리합니다. 독해의 무기라 할 수 있는 어휘력도 빵빵하게 충전하세요.

🎀 **낱말 미로**

앞에서 학습한 어휘를 확인할 수 있도록 재미있는 퀴즈로 구성하였습니다.

『기적의 독해력』은 글의 종류를 문학(이야기, 시)과 비문학(정보가 담긴 글, 의견이 담긴 글)으로 나누고, 8가지 독해력 평가 원리를 바탕으로 글의 종류에 알맞은 독해 유형을 비법으로 제시하였습니다.

한 학년당 16가지 필수 독해 비법을 집중 훈련하고, 전 학년에 걸쳐 96가지 비법을 모두 터득하면 초등 공부에 필요한 독해력을 완성할 수 있습니다.

	1학년	**2**학년	**3**학년
이야기 창작 동화 전래 동화 명작 동화 생활문, 수필 극본	내용 이해 등장인물 파악하기	내용 이해 인물이 한 일 파악하기	내용 이해 가리키는 말의 내용 파악하기
	어휘·표현 시간(장소)을 나타내는 말 파악하기	짜임 일이 일어난 차례 파악하기	짜임 원인과 결과 파악하기
	추론 인물의 모습 짐작하기	추론 인물의 마음 짐작하기	추론 생략된 내용 짐작하기
	적용·창의 이어질 내용 상상하기	감상 인물에게 하고 싶은 말 떠올리기	감상 일어난 일에 대한 생각 떠올리기
시 동시 동요 현대시 시조	주제 무엇에 대한 시인지 파악하기	주제 중심 글감 파악하기	주제 말하는 이의 생각 파악하기
	어휘·표현 흉내 내는 말 파악하기	어휘·표현 반복되는 말 파악하기	추론 분위기 파악하기
	추론 시에 나타난 마음 짐작하기	감상 비슷한 경험 떠올리기	감상 인상 깊은 부분 떠올리기
	감상 장면 떠올리기	적용·창의 표현 바꾸어 쓰기	적용·창의 말하는 이의 생각 적용하기
정보가 담긴 글 설명문 안내문, 기행문 전기문, 기사문 견학 기록문 조사 보고서	주제 중심 낱말 파악하기	주제 제목 붙이기	주제 중심 문장과 뒷받침 문장 파악하기
	내용 이해 설명 대상의 특징 파악하기	내용 이해 알게 된 내용 정리하기	내용 이해 사실과 의견 구별하기
	짜임 주요 내용 정리하기	짜임 중요한 내용 정리하기	어휘·표현 낱말의 관계 파악하기
	추론 알맞은 낱말 짐작하기	추론 알맞은 내용 짐작하기	짜임 글의 내용 간추리기
의견이 담긴 글 논설문 연설문, 광고 편지, 토론 제안하는 글 부탁하는 글	주제 글쓴이의 생각 파악하기	주제 글을 쓴 까닭 파악하기	주제 주장 파악하기
	내용 이해 글의 내용 파악하기	내용 이해 생각을 뒷받침하는 내용 파악하기	내용 이해 문제 상황 파악하기
	비판 글쓴이의 생각 판단하기	어휘·표현 표현의 의미 파악하기	추론 문장의 의미 짐작하기
	적용·창의 글쓴이의 생각 적용하기	비판 글쓴이의 생각과 내 생각 비교하기	비판 근거의 적절성 평가하기

독해력
평가 8원리

| 1 주제 | 2 내용 이해 | 3 어휘·표현 | 4 짜임 | 5 추론 | 6 비판 | 7 감상 | 8 적용·창의 |

4학년	**5학년**	**6학년**
주제 주제 파악하기	주제 인물이 추구하는 가치 파악하기	내용 이해 인물의 갈등 파악하기
내용 이해 인물, 사건, 배경 파악하기	내용 이해 작품 이해하기	어휘·표현 속담, 사자성어, 관용어 알기
추론 인물의 성격 파악하기	추론 시대 상황 추론하기	짜임 이야기의 짜임 파악하기
적용·창의 인물의 생각 적용하기	감상 인물의 생각 평가하기	추론 배경이 사건에 미치는 영향 파악하기
어휘·표현 감각적 표현 파악하기	내용 이해 내용 파악하기	주제 주제 파악하기
짜임 시의 짜임 파악하기	어휘·표현 비유적 표현 파악하기	내용 이해 작품 이해하기
추론 문장의 의미 추론하기	추론 말하는 이에 대해 추론하기	추론 함축적 의미 파악하기
감상 생각이나 느낌 떠올리기	적용·창의 시 바꾸어 쓰기	적용·창의 작품 비교하기
주제 글의 중심 생각 파악하기	어휘·표현 다의어, 동형어 알기	내용 이해 글의 특징 파악하기
어휘·표현 헷갈리기 쉬운 낱말 구분하여 쓰기	짜임 설명 방법 파악하기	어휘·표현 호응 관계에 맞게 문장 쓰기
짜임 설명하는 글의 짜임 파악하기	추론 어울리는 자료 짐작하기	짜임 짜임 파악하기
추론 뒷받침 문장 짐작하기	비판 글의 신뢰성 판단하기	적용·창의 자료 적용하기
주제 글의 제목 정하기	어휘·표현 적절한 표현으로 바꾸어 쓰기	주제 글쓴이의 관점 파악하기
짜임 주장하는 글의 짜임 파악하기	짜임 근거를 든 방법 파악하기	추론 글의 내용을 바탕으로 추론하기
추론 주장에 어울리는 근거 찾기	추론 짜임에 맞게 내용 예측하기	비판 글쓴이의 관점 비판하기
비판 뒷받침 문장의 적절성 평가하기	비판 내용의 타당성 판단하기	적용·창의 새로운 상황에 적용하기

차례

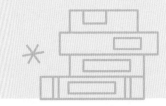

출처

글

22쪽 「토비의 두근두근 봄 마중」 | 왕입분 | 2021

30쪽 「울라불라 별을 걷는 세희」 | 왕입분 | 2021

＊그 외 작품은 한국문학예술저작권협회, 한국문예학술저작권협회의 동의를 얻어 책에 실었습니다.

이미지

96쪽 까나리 | 국립생물자원관

144쪽 「오렌지를 보면 잠시 쉬어 가세요」 | 한국방송광고진흥공사 | 2002

＊위에 제시되지 않은 이미지는 사용료를 지불하고 셔터스톡 코리아에서 대여했음을 밝힙니다.

＊길벗스쿨은 이 책에 실린 모든 글과 이미지의 출처를 찾기 위해 최선의 노력을 기울였습니다.
　저작권자를 찾지 못해 허락을 받지 못한 글과 이미지는 저작권자가 확인되는 대로 통상의 사용료를 지불하겠습니다.

이야기

우리가 자주 읽는 전래 동화, 창작 동화, 생활문 등은
모두 이야기예요. 이야기에는 여러 인물이 등장하여
사건을 일으키지요. 이야기는 누가 등장하는지, 언제
어디에서 어떤 사건이 일어나는지 등을 알아보고, 인
물의 마음과 성격을 파악하며 읽어야 해요.

비법　내용 이해 >> 등장인물 파악하기

"거북이 여기까지 오려면 한참 걸리겠네. 낮잠이나 한숨 자 볼까?"
토끼는 바위에 기대어 잠깐 잠이 들었어요.

이 글에는 누가 나올까? 느릿느릿 '거북', 낮잠 자는 '토끼'가 나와. 이처럼 **이야기에서 말하고 행동하는 사람이나 물건, 동물, 식물을** '**인물**'이라고 해. 그리고 인물 중에서 **가장 중요한 인물**을 '**주인공**'이라고 하지.

예시 문제　다음 글에 등장하는 인물을 모두 고르세요. (　　　　　)

어느 마을에 항상 빨간 모자를 쓰고 다녀서 빨간 모자라 불리는 아이가 있었어요.

어느 날, 빨간 모자는 바구니를 들고 할머니 댁에 가고 있었어요. 빨간 모자가 숲 입구에 도착할 때쯤이었어요.

"빨간 모자야, 안녕! 어디를 그렇게 급히 가는 거니?"

커다란 늑대가 빨간 모자에게 상냥한 목소리로 물었어요.

"엄마 심부름으로 할머니 댁에 가고 있어요. 할머니가 많이 아프시거든요."

"저런! 할머니가 많이 아프시구나."

"네."

'흠, 할머니도 잡아먹을 수 있겠군!'

이 글에서 누가 말하고 있는지 잘 살펴봐.

그림 형제, 「빨간 모자」 중에서

① 늑대
② 엄마
③ 할머니
④ 할아버지
⑤ 빨간 모자

연습 문제 1　다음 글에 나오는 인물을 한 명 더 찾아 쓰세요.

　　옛날, 욕심쟁이 영감의 집 앞에 커다란 느티나무 한 그루가 있었습니다. 영감은 그 느티나무 그늘에서 낮잠 자는 것을 좋아했습니다. 그날도 어김없이 욕심쟁이 영감이 나무 그늘에서 잠을 자고 있었습니다.

　　"날씨가 너무 덥구나. 이 느티나무 그늘에서 잠깐 쉬었다 가야겠다."

　　지나가던 총각은 나무 그늘에 들어가서 쉬다가 그만 잠이 들었습니다.

　　얼마 뒤, 잠에서 깨어난 욕심쟁이 영감이 버럭 소리를 질렀습니다.

　　"이놈, 허락도 없이 남의 나무 그늘에서 잠을 자다니! 어서 일어나거라!"

「나무 그늘을 산 총각」 중에서

욕심쟁이 영감, ☐☐

연습 문제 2　다음 글의 주인공은 누구인가요? (　　　　)

　　아기 꿀벌 마야가 처음으로 꿀을 따러 성 밖으로 나갔어요. 마야는 처음 보는 바깥세상이 너무 아름다웠어요. 그래서 말벌이나 거미를 조심하라던 언니 카산드라의 말도 깜빡 잊고 다른 벌들과 떨어져 멀리멀리 날아갔어요.

　　한참을 날아가던 마야는 파리가 앉아 있는 연못에서 쉬기로 했어요. 그런데 어디선가 잠자리가 나타나 파리를 잡아먹었어요.

　　깜짝 놀란 마야는 울먹이는 목소리로 말했어요.

　　"정말 너무해요. 어떻게 그럴 수가 있죠?"

　　"꿀벌아, 놀라게 해서 미안해. 하지만 난 파리를 잡아먹지 않으면 굶어 죽는단다."

발데마르 본젤스, 「꿀벌 마야의 모험」 중에서

---

① 마야　　　　　② 파리　　　　　③ 거미

④ 잠자리　　　　⑤ 카산드라

시간을 나타내는 말	'옛날에', '어느 날', '저녁'처럼 **일이 일어나는 때**를 알려 주는 말이야. 언제 있었던 일인지 묻는 문제가 나와.
장소를 나타내는 말	'교실에서', '어느 마을에서'처럼 **일이 일어나는 곳**을 알려 주는 말이야. 어디에서 있었던 일인지 묻는 문제가 나오지.

예시 문제 다음 글에 쓰인 시간을 나타내는 말은 무엇인가요? (   )

<u>어느 날 아침</u>, <u>숲속</u>에서 호랑이가 먹이를 찾고 있었어요. 그때 조그만 개미 한
　　일이 일어난 때　일이 일어난 곳
마리가 호랑이 앞을 지나가고 있었어요.

"이 조그만 녀석은 뭐야? 넌 내가 무섭지도 않나 보지?"

"다른 동물들을 괴롭히기나 하는 호랑이를 내가 왜 무서워해야 하는 거지?"

개미의 말을 들은 호랑이는 화가 나서 개미를 잡으려고 했어요. 하지만 개미는
호랑이를 요리조리 잘도 피해 다녔지요.

"내가 무섭지 않다면 피해 다니지 말고 나한테 덤벼 봐."

"좋아. 내일 이 시간에 여기서 다시 만나. 호랑이 너야말로 절대로 도망가면 안
돼."

개미는 호랑이와 내일 다시 만나기로 약속하고 헤어졌어요.

이솝, 「호랑이를 이긴 개미」 중에서

① 숲속
② 개미
③ 호랑이
④ 요리조리
⑤ 어느 날 아침

다음 글을 읽고, 장소를 나타내는 말을 골라 ○표 하세요.

점심시간에 친구들과 함께 운동장에서 축구를 하였다.

나와 승재가 한편이 되고, 민규와 서언이가 한편이 되었다.

"재현아, 이쪽으로 패스해!"

나는 골대 앞에 서 있는 승재에게 공을 정확하게 패스해 주었다. 나와 승재는 호흡이 척척 맞았다.

"골인!"

우리 편이 먼저 첫 골을 넣었다.

내가 골을 넣겠다는 욕심을 부리지 않고 승재에게 공을 패스해 주길 정말 잘했다는 생각이 들었다.

축구	운동장	점심시간

다음 글을 읽고, 시간을 나타내는 말과 장소를 나타내는 말을 각각 찾아 쓰세요.

점심때, 강준이는 슬기네 집에 갔어요. 강준이가 초인종을 누르자 슬기가 문을 열어 주었어요.

"슬기야, 생일을 진심으로 축하해!"

강준이는 슬기에게 생일 선물을 내밀었어요.

"고마워! 널 위해 맛있는 딸기 케이크를 만들었어."

슬기는 맛있는 딸기 케이크를 예쁜 접시에 담아 내왔어요.

(1) 시간을 나타내는 말: ☐☐ 때

(2) 장소를 나타내는 말: ☐☐ 네 ☐

2 DAY

비법 추론 >> 인물의 모습 짐작하기

이야기에는 인물의 모습을 '키가 크다.', '얼굴이 동그랗다.'처럼 그림 그리듯이 **직접 표현해**. 하지만 이야기에 인물의 모습이 직접 드러나지 않았더라도 짐작할 수 있지. 상황을 떠올리며 **인물이 어떤 표정과 몸짓, 목소리로** 말했을지 상상하면 되는 거야.

예를 들어 볼까? 숙제 안 하고 놀기만 하는 아들을 보며 엄마가 "숙제는 다했니?"라고 말했어. 이때 엄마는 어떤 표정으로 말했을까? 당연히 화난 표정이었겠지?

예시 문제 다음 글을 읽고, 해치의 모습으로 알맞은 것에 〇표 하세요.

아주 오랜 옛날, 하늘에는 해를 지키는 해치라는 신이 살았어요. 해치는 <u>사자처럼 생겼고 이마 한가운데 뿔이 있었어요.</u> 해치는 아침부터 저녁까지 세상을 환

<small>해치의 생김새를 나타내는 표현</small>

하게 비추다가 누군가가 나쁜 짓을 하면 곧바로 달려가 이마에 난 뿔로 들이받아 혼을 내 주었어요.

어두운 땅속 나라에는 못된 짓만 골라 하는 괴물 사 형제가 살았어요. 괴물 사 형제는 자신들이 나쁜 짓을 할 때마다 방해하는 해치가 몹시 미웠어요.

"우리 해치가 가지고 있는 해를 훔칠까? 그러면 해치가 우리에게 꼼짝하지 못하겠지?"

괴물 사 형제는 해치가 잠든 사이에 몰래 해를 훔쳐 달아났어요.

「해치와 괴물 사 형제」 중에서

(1) (   )   (2) (   )   (3) (   )

연습 문제 1 다음 글에서 사자는 ㉠을 말할 때 어떤 표정을 지었을까요? (   )

> 사자가 낮잠을 자고 있었어요. 그때 생쥐 한 마리가 사자 곁을 지나가다가 그만 사자의 콧등을 건드리고 말았어요.
> ㉠"어흥! 감히 누가 날 깨운 거냐?"
> 사자는 커다란 발로 생쥐를 붙잡고 으르렁거렸어요.
>
> 이솝, 「사자와 생쥐」 중에서

① 미안한 표정   ② 고마운 표정

③ 지루한 표정   ④ 반가운 표정

⑤ 화가 난 표정

연습 문제 2 다음 글에서 토끼는 ㉠을 말할 때 어떤 표정과 몸짓을 하며 말했을까요? (   )

> 옛날, 어느 산속에 한숨을 푹푹 쉬며 사는 토끼 한 마리가 있었어요.
> 토끼는 매일 옹달샘에 가서 자신의 모습을 비춰 보며 투덜거렸어요.
> ㉠"내 귀는 왜 이렇게 길쭉하지? 또 다리는 왜 이렇게 짧은 거야? 나도 사슴처럼 뿔이 있고 눈도 크고 다리가 길었으면 좋겠어."
> 그러던 어느 날, 산신령이 나타나 토끼에게 물었어요.
> "토끼야, 정말 사슴이 되고 싶으냐?"
> "네! 저는 꼭 사슴이 되고 싶어요."
> 산신령은 토끼의 말을 듣고 토끼를 사슴으로 만들어 주었어요.
>
> 「사슴이 된 토끼」 중에서

① 깔깔 웃으면서 말했을 것이다.

② 깡충깡충 뛰면서 말했을 것이다.

③ 몸을 벌벌 떨면서 말했을 것이다.

④ 입을 삐죽거리면서 말했을 것이다.

⑤ 꼬리를 살랑살랑 흔들면서 말했을 것이다.

뒤에 어떤 이야기가 이어질지 상상하면서 글을 읽으면 이야기가 더 재미있게 느껴져.

이어질 내용을 상상할 때에는 앞에서 어떤 일이 일어났었는지 살펴보는 게 먼저야. 그러고 나서 <u>앞부분의 내용과 자연스럽게 이어지도록 뒷이야기를 상상하면 돼.</u>

예시 문제 다음 이야기 뒤에 이어질 내용으로 알맞은 것에 ○표 하세요.

농부가 말을 하자 어디선가 똑같은 말소리가 들려왔어요.

"여기에는 우리만 있는데, 이상하네!"

"여기에는 우리만 있는데, 이상하네!"

천장 위에 숨어 있던 도깨비가 농부의 말을 따라 한 것이었어요.

다음 날부터 농부와 아내는 도깨비가 무서워 며칠 동안 아무 말도 하지 않았어요.

며칠 후, 심심해진 도깨비가 농부에게 말을 걸었어요.

"아저씨, 왜 아무 말도 안 해요?"

"아저씨, 왜 아무 말도 안 해요?"

하루 종일 농부와 아내는 도깨비의 말을 따라 했어요.

그러자 도깨비도 슬슬 지쳤어요.

> 농부와 아내가 자신의 말을 따라 하자 도깨비가 어떻게 했을지 상상해 봐.

「도깨비를 물리친 농부」 중에서

(1) 도깨비가 농부의 말을 따라 하였다. ( )

(2) 도깨비가 울면서 농부에게 용서를 빌었다. ( )

(3) 농부 부부가 도깨비에게 말을 가르쳐 주었다. ( )

다음 글을 읽고, 슈퍼에 간 재형이가 하였을 행동을 바르게 짐작한 것에 ○표 하세요.

> "재형아, 슈퍼에 가서 두부 좀 사 올래?"
> "네, 네……. 잠시만요!"
> 재형이는 텔레비전을 보느라 엄마의 말을 귀 기울여 듣지 않았어요.
> "재형아! 뭐 하니? 얼른 슈퍼에 가서 두부 좀 사 오렴."
> "엄마는 꼭 재미있는 만화를 볼 때 심부름을 시키시더라."
> 재형이는 투덜거리며 슈퍼로 갔어요.
> '그런데 엄마가 슈퍼에서 뭘 사 오라고 하셨지? 기억이 안 나네.'

(1) 슈퍼에서 나와 약국에 갔을 것이다. ( )

(2) 슈퍼에서 두부 대신 엉뚱한 물건을 샀을 것이다. ( )

다음 글의 바로 뒤에 이어질 일을 바르게 짐작한 것에 ○표 하세요.

> 농부가 사또에게 커다란 무를[*] 바치고 송아지를 얻었다는 소문이 온 마을에 퍼졌습니다. 이 소문을 들은 욕심꾸러기 농부는 샘이 났습니다.
> '나도 사또께 송아지를 바치면 더 큰 선물을 받겠지?'
> 이런저런 궁리 끝에 욕심꾸러기 농부는 사또에게 송아지를 끌고 갔습니다.
> "사또, 이렇게 살진 송아지는 처음 봅니다. 하도 신기해서 이 송아지를 사또께 바치려고 가지고 왔습니다."
> 사또는 무척 고마워하며 이방에게 물었습니다.
> "이방, 이 농부에게 줄 귀한 물건이 뭐가 있느냐?"
> "귀한 물건이라면 며칠 전에 들어온 커다란 무가 있습니다."
>
> 「송아지와 바꾼 무」 중에서
>
> [*]바치고: 윗사람에게 어떤 것을 드리고.

(1) 사또는 욕심꾸러기 농부에게 큰 벌을 주었다. ( )

(2) 사또는 욕심꾸러기 농부에게 커다란 무를 주었다. ( )

(3) 사또는 욕심꾸러기 농부에게 송아지를 돌려주었다. ( )

토비의 두근두근 봄 마중*

　어느 이른 봄날이에요. 눈처럼 새하얀 몸에 검은 *얼룩이 있는 점박이 토끼, 토비가 굴 밖으로 고개를 쑥 내밀더니 두 귀를 쫑긋 세웠어요.

　"봄이 어디쯤 왔을까?"

　토비는 *겨우내 봄을 기다렸어요. ㉠지난가을에 친구들과 봄에 다시 만나기로 약속했거든요.

　"아기 곰 포미도, 다람쥐 호야도, 고슴도치 치티도, 너구리 코코도 보고 싶어."

　그런데 숲속에는 아직도 흰 눈이 소복이 쌓여 있어요.

　"아무래도 오늘은 좀 멀리 나가 봐야겠어."

　토비가 깡충깡충 봄 마중을 나갔어요. *오솔길을 지나 커다란 바위 옆을 지나는데 졸졸졸 소리가 들렸어요.

　"어, 이게 무슨 소리지?"

　토비가 바위 옆을 돌아 소리 나는 쪽으로 가 보았어요. 글쎄, 눈 덮인 얼음 사이로 시냇물이 흐르고 있지 뭐예요?

　"꽁꽁 얼었던 시냇물이 흐르고 있네! 봄이 오고 있나 봐!"

　토비는 얼른 친구들과 뛰어놀던 들판 쪽을 바라보았어요. 그런데 들판을 향해 동글동글 귀여운 발자국이 나 있는 게 아니겠어요?

　"누구지? 겨우내 잠을 자던 포미, 호야, 치티, 코코가 깨어났나 봐. 어서 가 보자."

　토비가 들판 쪽으로 뛰기 시작했어요. 가슴도 두근두근 같이 뛰었어요.

＊마중: 오는 사람을 나가서 맞이함.
＊얼룩: 본바탕에 다른 색깔의 점이나 줄 등이 뚜렷하게 섞인 자국.
＊겨우내: 한겨울 동안 계속해서.
＊오솔길: 폭이 좁고 오가는 사람이 많지 않아 조용한 길.

1 어휘·표현

일이 일어난 때는 언제인지 글에서 찾아 쓰세요.

이른 ☐ ☐

2 내용 이해

이 글의 주인공은 누구인가요? (　　　)

① 치티　　　　　② 호야　　　　　③ 포미

④ 토비　　　　　⑤ 코코

3 추론

토비의 모습으로 알맞은 것에 ◯표 하세요.

(1) 　　(2) 　　(3)

(　　　)　　　　　(　　　)　　　　　(　　　)

☆ 글의 처음 부분에서 토비의 겉모습을 표현한 부분을 찾아봐.

4 추론

토비가 ㉠과 같이 친구들과 약속한 까닭은 무엇일까요? (　　　)

① 친구들이 꽃을 좋아해서　　　　② 토비가 추위를 싫어해서

③ 봄에만 같이 놀고 싶어서　　　　④ 친구들이 겨울잠을 자야 해서

⑤ 친구들과 노는 게 재미없어져서

☆ 곰, 다람쥐, 고슴도치, 너구리의 공통점은 무엇일지 생각해 봐.

5 **내용 이해**

이 글의 내용과 <u>다른</u> 것에 ×표 하세요.

(1) 토비는 겨우내 봄이 오기만을 기다렸다.   (   )

(2) 이른 봄이라 숲속엔 아직도 눈이 쌓여 있다.   (   )

(3) 토비는 친구들과 겨울에 다시 만나기로 약속했다.   (   )

6 **감상**

이 글을 읽고 떠오른 생각이나 느낌을 알맞게 말한 친구의 이름을 쓰세요.

동물원에 놀러 가서 길을 잃었던 일이 떠올라.

도훈

친구들과 한 약속은 지킬 필요가 없다고 생각해.

태환

개나리꽃, 벚꽃이 활짝 피는 봄이 빨리 왔으면 좋겠어.

유라

(   )

7 **적용·창의**

이 글 뒤에 이어질 내용으로 알맞은 것의 기호를 쓰세요.

㉮ 토비가 겨울잠을 자러 굴속으로 들어갔다.
㉯ 토비가 겨울잠에서 깨어난 아기 곰 포미를 들판에서 만나 신나게 놀았다.
㉰ 토비가 숲속 친구들을 다시 만나게 될까 봐 두려워 다른 숲으로 이사를 갔다.

(   )

☆ 앞에서 일어난 일과 자연스럽게 내용이 이어지는 것을 찾아봐.

📑 내용 정리

⭐ 빈칸에 알맞은 말을 쓰거나 ○표 하여 오늘 읽은 글의 내용을 정리해 보세요.

겨우내 ❶(   )을 기다리던 토비가 아직 눈이 쌓여 있는 숲속으로 봄 마중을 나갔다. 토비는 얼었던 ❷(   )이 녹아 흐르는 것과 들판 쪽으로 난 발자국을 보고 친구들이 ❸(여름잠, 겨울잠)에서 깨어났을지 모른다고 생각했다. 토비는 떨리는 마음으로 들판 쪽으로 뛰어갔다.

🔍 어휘 정리

1 다음 문장에 알맞은 낱말을 (   ) 안에서 골라 ○표 하세요.

(1) 바닷가는 쓰레기들로 (덮여, 데워) 있었다.

(2) 아저씨는 돌로 차곡차곡 담을 (싸였다, 쌓았다).

(3) 아빠는 형이 도착할 시간에 맞춰 정류장으로 (마중, 나중)을 나가셨다.

2 빈칸에 알맞은 낱말을 ○보기○에서 찾아 쓰세요.

○ 보기 ○	꽁꽁	졸졸졸	두근두근

(1) 시냇물이 (   ) 흐른다.

(2) 날씨가 추워서 손이 (   ) 얼어붙었다.

(3) 주사를 맞을 생각을 하니 심장이 (   ) 뛰었다.

뱀이 된 보들 이야기

옛날에 하느님이 세상에서 가장 예쁜 동물을 만들었어요. 동그란 몸에 하얗고 보들보들한 털을 가진 동물이었지요. 하느님은 이 동물에게 '보들'이라는 이름을 붙여 주었어요.

'하느님은 나를 제일 사랑하셔. 그래서 나만 예쁘게 만들었어.'

어느 날, 돼지가 보들에게 반갑게 인사를 했어요.

"네 코는 무척 납작하구나. 귀는 깻잎처럼 넓적하고, 꼬리는 호박 덩굴처럼 꼬불꼬불하구나."

보들이 깔깔 웃으며 돼지를 놀려 대자 돼지는 울면서 집으로 갔어요.

다음 날은 다람쥐가 보들에게 친구가 되고 싶다고 말을 걸어왔어요.

㉠"너는 정말 작구나. 버섯처럼 작으니까 버섯이랑 사귀렴."

보들의 말을 들은 다람쥐는 화가 나서 집으로 가 버렸어요.

며칠 뒤, 사슴이 보들을 찾아왔어요. 이번에도 보들은 사슴의 뿔을 보며 나뭇가지 같다고 놀려 댔지요. 사슴도 얼굴을 붉히며 집으로 돌아갔어요.

동물들은 더 이상 보들에게 말을 걸지 않았어요. 그리고 보들만 예쁘게 만든 하느님을 원망하였어요. 동물들의 *불평을 들은 하느님이 보들을 불렀어요.

"앞으로 동물들을 놀릴 때마다 네 털이 한 *줌씩 빠질 것이다."

그러나 보들은 하느님의 말을 귀담아듣지 않고 계속 동물들을 놀렸어요. 그러자 그만 보들의 몸에 있던 털이 다 빠지고 말았어요. 보들은 하느님을 찾아가 울면서 용서를 빌었어요. 하느님이 보들을 보며 말했어요.

"네가 친구를 사귈 때마다 털이 한 줌씩 생기게 해 주마. 대신 친구들이 너와 사귀기 싫다고 할 때마다 네 몸은 길어질 것이다."

＊불평: 못마땅한 것을 말이나 행동으로 드러냄.
＊줌: 한 손에 쥘 수 있는 양을 세는 단위.

1

내용 이해

이 글에 나오는 인물이 <u>아닌</u> 것은 누구인가요? (   )

① 보들   ② 돼지   ③ 버섯

④ 다람쥐   ⑤ 하느님

2

추론

하느님이 보들을 처음 만들었을 때, 보들의 모습으로 알맞은 것에 ○표 하세요.

(1)    (2)    (3)

(   )   (   )   (   )

☆ 하느님이 보들을 처음 만들었을 때 몸의 모양과 털 색깔이 어떠했는지 잘 살펴봐.

3

추론

보들은 ㉠을 어떤 말투로 말했을까요? (   )

① 궁금한 말투   ② 비웃는 말투

③ 화가 난 말투   ④ 부드러운 말투

⑤ 미안해하는 말투

4

어휘·표현

이 글에 나온 다음 낱말 중에서 시간을 나타내는 말이 <u>아닌</u> 것은 무엇인가요?

(   )

① 옛날에   ② 어느 날

③ 다음 날   ④ 며칠 뒤

⑤ 한 줌씩

☆ 시간을 나타내는 말은 일이 언제 일어났는지를 알 수 있는 말이야.

5

짜임

다음 중 이 글에서 가장 먼저 일어난 일은 무엇인가요? (   )

① 하느님이 보들을 만들었다.

② 동물들이 하느님을 원망했다.

③ 보들이 다른 동물들을 놀려 댔다.

④ 보들의 몸에 있던 털이 다 빠졌다.

⑤ 보들이 하느님을 찾아가 용서를 빌었다.

6

감상

이 글을 읽고 깨달은 점을 바르게 말하지 <u>못한</u> 친구에 ×표 하세요.

(1) 겉모습보다 중요한 것은 마음이야.   (   )

(2) 거짓말도 자꾸 하면 습관이 될 수 있어.   (   )

(3) 나와 모습이 다르다고 친구를 무시하면 안 돼.   (   )

☆ 보들이 한 말과 행동에서 무엇이 잘못되었는지 생각해 봐.

7

적용·창의

이 글 뒤에 일어날 일로 알맞은 것은 무엇인가요? (   )

① 동물들이 보들에게 사과했다.

② 동물들의 모습이 아름답게 변했다.

③ 하느님이 보들보다 더 예쁜 동물을 만들었다.

④ 동물들을 놀릴 때마다 보들의 털이 한 줌씩 빠졌다.

⑤ 동물들이 보들과 친구가 되어 주지 않아서 보들의 몸이 점점 길어졌다.

📝 내용 정리

★ 빈칸에 알맞은 말을 쓰거나 ○표 하여 오늘 읽은 글의 내용을 정리해 보세요.

> 하느님이 세상에서 가장 예쁜 동물을 만들어 '보들'이라고 이름을 붙여 주었다. 보들은 자신의 모습을 뽐내며 다른 동물들을 놀리고 무시했다. 동물들이 하느님을 ❶(존경, 원망)하자, 하느님이 보들에게 동물들을 놀릴 때마다 ❷(   )이 한 줌씩 빠질 것이라고 말했다. 하지만 보들은 계속 동물들을 놀려 대서 몸에 난 털이 모두 빠지고 말았다. 하느님에게 용서를 빌러 온 보들에게 하느님은 친구를 사귈 때마다 털이 한 줌씩 생기지만 친구들이 사귀기 싫다고 할 때마다 몸이 ❸(짧아질, 길어질) 것이라고 말했다.

🔍 어휘 정리

1 다음 문장에 알맞은 낱말을 (   ) 안에서 골라 ○표 하세요.

(1) 바가지에 흙을 한 (개, 줌) 담았다.

(2) 강아지 털이 무척 (보들보들하다, 시들시들하다).

(3) 동생은 채소를 먹기 싫다며 엄마에게 (불평, 불편)을 하였다.

2 다음과 같은 보들의 행동에 어울리는 관용어에 ○표 하세요.   ┌→ 둘 이상의 낱말이 어울려 원래의 뜻과는 전혀 다른 새로운 뜻으로 굳어져서 쓰이는 표현을 말해.

> 보들은 자신의 모습을 뽐내며 다른 동물들을 무시했어요.

(1) 코가 높다 → 잘난 체하며 거만하다는 뜻.   (   )

(2) 코가 납작해지다 → 창피를 당해서 기가 죽다는 뜻.   (   )

울라불라 별을 걷는 세희

"꿈속에서라도 울라불라 별을 꼭 한번만 걸어 봤으면…….*"

세희는 병실 침대에서 그림책을 보다 *스르르 잠이 들었어요.

잠시 뒤, 잠에서 깨어난 세희는 주위를 둘러보고 깜짝 놀랐어요. 세희가 책에서 본 바로 그 울라불라 별에 와 있었거든요.

바로 그때 분홍색 *액체 풀처럼 *흐물흐물하게 생긴 외계인이 세희에게 다가왔어요.

"아니, 넌? 책에서 본…….*"

"맞아. 난 핑크르르야. 내가 사는 울라불라 별에 온 걸 진심으로 환영해."

책에서 본 것처럼 울라불라 별에는 하늘 물고기가 하늘을 날고, 알록달록 구름이 바다 위를 두둥실 떠다녔어요. 더 신기한 것은 세희가 두 다리로 서 있는데도 다리가 하나도 아프지 않다는 거였어요. 덕분에 세희는 하늘 물고기들이 모여 노는 하늘 수족관도, 알록달록 구름이 모여 잠을 자는 구름 집도 휠체어를 타지 않고 직접 걸어 다니며 볼 수 있었지요.

"와, 구름이 너무 예쁘다!"

"구름들은 환한 낮에는 신이 나서 밝은 색이지만, 깜깜한 밤에는 *기운이 없어서 어두운 색이 된단다."

핑크르르는 친절하게 별을 소개해 주었어요. 세희는 울라불라 별을 구경하는 동안 기분이 날아갈 듯이 너무 좋았어요.

＊스르르: 졸음이 슬며시 오는 모양.
＊액체: 물이나 기름처럼 부피는 있지만 일정한 모양 없이 흐르는 물질.
＊흐물흐물하게: 몹시 물렁물렁하고 힘이 없어 자꾸 늘어지는 데가 있게.
＊기운: 생물이 몸을 움직이고 활동하는 힘.

1

핑크르르의 모습으로 알맞은 것에 ○표 하세요.

(1) 　　　(2)　　　(3)

(　　　)　　　　　(　　　)　　　　　(　　　)

☆ 핑크르르가 무엇처럼 생겼다고 했는지 글 속에서 찾아봐.

2

이 글에서 일이 일어난 장소를 나타내는 말을 두 가지 고르세요. (　　　　)

① 병실　　　　　　　② 스르르

③ 잠시 뒤　　　　　④ 하늘 물고기

⑤ 울라불라 별

3

이 글의 내용으로 볼 때, 세희가 병원에 있는 까닭은 무엇인가요? (　　　　)

① 머리가 아파서　　　　　② 다리가 아파서

③ 감기에 걸려서　　　　　④ 앞이 안 보여서

⑤ 소리가 안 들려서

☆ 세희는 어디가 아파서 병원에 있는 것인지 생각해 봐.

4

울라불라 별에서 세희가 한 일이 <u>아닌</u> 것에 ×표 하세요.

(1) 구름 집을 직접 걸어 다니며 구경했다.　　　　　　　　　　(　　　)

(2) 침대에서 그림책을 보다가 잠이 들었다.　　　　　　　　　　(　　　)

(3) 하늘 수족관을 직접 걸어 다니며 구경했다.　　　　　　　　(　　　)

5 이 글의 내용으로 알맞은 것은 무엇인가요? (   )

내용 이해

① 세희는 울라불라 별에 사는 아이이다.

② 세희와 핑크르르는 친한 친구 사이이다.

③ 핑크르르는 울라불라 별에 사는 외계인이다.

④ 세희는 울라불라 별을 상상하며 그림을 그렸다.

⑤ 세희는 분홍색 액체 풀을 손에 쥐고 잠이 들었다.

6 이 글을 읽고 생각이나 느낌을 바르게 말한 친구는 누구인지 쓰세요.

감상

> 정환: 누워서 책을 읽으면 세희처럼 눈이 나빠질 것 같아.
>
> 연희: 학교에 가기 싫어서 꾀병을 부린 세희의 마음이 이해가 돼.
>
> 하준: 세희가 울라불라 별을 직접 걸어 다니며 구경해서 행복했을 것 같아.

(   )

7 이 글 뒤에 이어질 내용으로 알맞지 <u>않은</u> 것은 무엇인가요? (   )

적용·창의

① 세희가 병이 나아서 지구로 돌아온다.

② 세희가 울라불라 별의 왕을 만나게 된다.

③ 세희가 반 대표로 달리기 대회에 나가 우승한다.

④ 세희가 지구로 돌아가지 않고 울라불라 별에 살겠다고 떼를 쓴다.

⑤ 밤이 되어 알록달록 구름이 기운이 없어지자 세희가 재미있게 놀아 준다.

☆ 글의 앞뒤 흐름을 잘 살펴보고 어떤 내용이 와야 자연스러울지 생각해 봐.

내용 정리

★ 빈칸에 알맞은 말을 쓰거나 ○표를 하여 오늘 읽은 글의 내용을 정리해 보세요.

세희는 병실 침대에서 ❶(   )을 보다 잠이 들었다. 세희가 잠에서 깨어 보니 그림책에서 봤던 ❷(병실, 울라불라 별)에 와 있었다. 그곳에서 세희는 핑크르르르라는 외계인을 만나 ❸(휠체어를 타고, 직접 걸어 다니며) 울라불라 별을 구경하였다.

어휘 정리

1 다음 문장에 알맞은 낱말을 (   ) 안에서 골라 ○표 하세요.

(1) 너무 졸려서 눈이 (스르르, 부르르) 감겼다.

(2) 오늘 점심을 굶었더니 (기운, 행운)이 하나도 없다.

(3) 도토리묵이 너무 (조물조물해서, 흐물흐물해서) 젓가락으로 집기가 힘들다.

2 밑줄 친 부분과 관련 있는 관용어에 ○표 하세요.

세희는 울라불라 별을 구경하는 동안 기분이 날아갈 것 같았어요.

(1) 입을 모으다 → 여러 사람이 같은 의견을 말하다는 뜻.　　　　　　　　(　　)

(2) 입이 귀밑까지 찢어지다 → 기뻐서 입이 크게 벌어지다는 뜻.　　　　　(　　)

캠핑장을 다녀와서

토요일 오후에 지원이네 가족과 함께 캠핑장에 갔다. 지원이와 나는 캠핑장에 도착하자마자 수영장에서 물놀이를 하였다. 한참 신나게 물놀이를 하고 났더니 배가 무척 고팠다.

"주혁아, 지원아, 밥 먹자!"

아빠가 숯불에 노릇노릇하게 구워 주신 삼겹살은 정말 꿀맛이었다. 지원이 아빠가 끓여 주신 김치찌개도 얼마나 맛이 있던지 밥 한 그릇을 뚝딱 비웠다.

"우리 주혁이가 입이 짧은 편인데 오늘 엄청 잘 먹는구나!"

아빠의 말씀이 끝나자마자 지원이 아빠께서 천체 망원경을 보여 주시며 말씀하셨다.

㉠"애들아, 이따 밤에 천체 망원경으로 다 같이 별 구경을 하자꾸나."

나와 지원이는 천체 망원경으로 별을 본다는 말에 귀가 솔깃해졌다.

아빠들이 설거지를 하시는 동안 우리는 텐트 안에서 보드 게임을 했다. 그런데 갑자기 배가 살살 아파 오기 시작했다. 식은땀까지 나고 힘이 쭉 빠졌다. 나는 아빠가 챙겨 오신 소화제를 먹고 텐트 안에 누웠다.

"주혁아, 배 아픈 건 좀 어때?"

"아빠, 조금 괜찮아진 것 같아요. 저녁을 너무 허겁지겁 많이 먹었나 봐요."

"오늘 별을 못 보는 대신 아빠가 별자리 이야기를 해 줄게. 별자리는 하늘에 있는 별에 신화에 나오는 동물이나 인물의 이름을 붙여 놓은 거란다."

아빠가 해 주신 별자리 이야기가 무척 흥미로웠다. 아빠와 다음에 캠핑장에 다시 올 때는 꼭 별 구경을 하기로 약속하였다.

＊입이 짧은: 음식을 심하게 가리거나 적게 먹는.
＊천체 망원경: 우주를 살펴보는 데 쓰는 망원경.
＊솔깃해졌다: 남의 말이나 어떤 일이 좋아 보여 마음이 끌리는 부분이 있게 되었다.

1

내용 이해

이 글에 나오지 <u>않은</u> 인물은 누구인가요? (   )

① '나'   ② 지원

③ '나'의 아빠   ④ '나'의 엄마

⑤ 지원의 아빠

☆ 캠핑장에 함께 가지 않은 인물을 찾아봐.

2

어휘·표현

이 글은 어디에서 일어난 일인지 쓰세요.

3

추론

지원이 아빠는 ㉠을 말할 때 어떤 표정과 말투, 몸짓으로 이야기했을까요? (   )

① 웃으며 부드러운 말투로 말했을 것이다.

② 지루한 표정으로 하품을 하며 말했을 것이다.

③ 궁금한 표정으로 말끝을 올리며 말했을 것이다.

④ 한숨을 쉬며 속상해하는 말투로 말했을 것이다.

⑤ 무릎을 꿇고 기어들어 가는 말투로 말했을 것이다.

4

짜임

다음 일이 일어난 까닭으로 알맞은 것에 ○표 하세요.

> '나'는 텐트 안에 누웠다.

(1) 너무 졸렸다. (   )   (2) 배가 아팠다. (   )

(3) 별 구경을 하였다. (   )   (4) 보드 게임을 하였다. (   )

5 이 글에서 '내'가 한 일이 <u>아닌</u> 것은 무엇인가요? (   )

내용 이해

① 소화제를 먹었다.

② 지원이와 물놀이를 하였다.

③ 삼겹살과 김치찌개를 먹었다.

④ 지원이와 보드 게임을 하였다.

⑤ 천체 망원경으로 별 구경을 하였다.

6 이 글에 나온 '나'와 비슷한 경험을 말한 친구는 누구인지 쓰세요.

감상

> 정아: 방학 때 매일 줄넘기 연습을 한 경험이 떠올라.
>
> 성훈: 친구와 놀이터에서 술래잡기를 하다가 크게 다툰 적이 있어.
>
> 수진: 나도 가족과 함께 바닷가로 놀러 갔는데 발을 다쳐서 물놀이를 하지 못한 적
>   이 있어.

(   )

7 이 글에 나온 '내'가 오늘 일기장에 쓸 내용으로 알맞은 것에 ○표 하세요.

적용·창의

(1) 아빠가 천체 망원경을 사 주시지 않아서 속상했다.   (   )

(2) 캠핑장에서 별 구경을 하지 못해서 많이 아쉬웠다.   (   )

(3) 앞으로는 음식을 가리지 않고 골고루 먹어야겠다.   (   )

☆ '내'가 캠핑장에서 겪은 일을 통해 어떤 생각을 했을지 짐작해 봐.

내용 정리

⭐ 빈칸에 알맞은 말을 넣어 오늘 읽은 글의 내용을 정리해 보세요.

> 토요일 오후에 지원이네 가족과 캠핑장에 갔다. 지원이와 '나'는 캠핑장에서 물놀이를 하고 나서 아빠들이 만들어 주신 음식을 맛있게 먹었다. 밤에 지원이 아빠가 가져오신 ❶(   )으로 별 구경을 하기로 하고 지원이와 보드 게임을 했다. 그런데 저녁을 허겁지겁 많이 먹은 탓인지 '나'는 갑자기 ❷(   )가 아팠다. 그래서 별 구경을 하지 못하고 소화제를 먹고 텐트 안에 누워서 아빠가 해 주시는 ❸(   ) 이야기를 들었다.

어휘 정리

1 다음 문장에 알맞은 낱말을 (   ) 안에서 골라 ○표 하세요.

⑴ 배가 고파서인지 밥맛이 (꿀맛, 쓴맛)이구나.

⑵ 학교에 지각할까 봐 (허겁지겁, 느릿느릿) 뛰어갔다.

⑶ 주말에 자전거를 사 주겠다는 아빠의 말에 귀가 (솔직했다, 솔깃했다).

2 밑줄 친 관용어가 문장에 어울리게 쓰인 것에 ○표 하세요.

⑴ 내 짝은 <u>입이 짧아서</u> 비밀을 함부로 말하지 않는다.　　　　　　(　　)

⑵ 내 동생은 <u>입이 짧아</u> 음식을 조금 먹다가 그만둔다.　　　　　　(　　)

⑶ 살이 찌려는지 요즘은 <u>입이 짧아</u> 무엇이든 잘 먹는다.　　　　　　(　　)

낱말 미로

앞에서 배운 낱말을 떠올려 보고, 퀴즈를 풀며 미로를 탈출해 보세요.

"○○○ 꽁꽁 얼었던 강물이 녹고 있다."에서 빈칸에 들어갈 말은?

겨우내

폭이 좁고 오가는 사람이 많지 않아 조용한 길을 뜻하는 낱말은 무엇일까?

오솔길

여름내

찻길

못마땅한 것을 말이나 행동으로 드러내는 것을 뜻하는 낱말은 무엇일까?

불평

마음에 들지 않아서 탓하거나 미워하는 것을 뜻하는 낱말은 무엇일까?

원망

소망

 눈이 내린 숲속 곳곳에 있는 동물 친구들 10마리를 찾아보세요!

정답 및 해설 16쪽에서 확인하세요.

시는 글쓴이의 생각이나 느낌을 리듬감 있게 표현한 글이에요. 시의 리듬감은 반복되는 말과 일정한 글자 수에서 느낄 수 있지요. 시를 읽을 때 장면을 떠올리고 인물의 마음에 공감하며 읽으면 시의 재미와 즐거움을 더욱 깊이 느낄 수 있어요.

DAY 7

비법 주제 >> 무엇에 대한 시인지 파악하기

시를 읽을 때에는 **시를 쓴 사람이 무엇을 표현**하려고 했는지 살펴봐야 해.
무엇에 대한 시인지 파악하려면 **시의 제목**이나 **시에 자주 나오는 낱말**을 찾아 동그라미
를 해 봐.

예시 문제 다음은 무엇에 대해 쓴 시인가요? (   )

봄비가   ◯ : 자주 나오는 낱말

그림을 그린다.

새싹은

파랗게

칠하고,

진달래는

빨갛게

칠하고,

개나리는

노랗게

칠하고,

봄비가

그림을 그린다.

최만조, 「봄비」
시의 제목

① 봄비   ② 새싹
③ 그림   ④ 개나리
⑤ 진달래

연습 문제 1 다음은 무엇을 노래한 시인가요? (   )

나비야
나비야

꽃밭에서
뭐 하니?

뽀뽀하지

뽀뽀만 하니?

밤이면
꽃잎 덮고
잠자지

오순택, 「나비야 나비야」

① 밤   ② 잠
③ 꽃잎   ④ 꽃밭
⑤ 나비

연습 문제 2 빈칸에 들어갈, 다음 시의 제목으로 알맞은 것에 ○표 하세요.

맴
매암
매암 맴

낮잠 든
여름 숲을 깨우는

쬐그만
아주 쬐그만
알람 시계.

강현호, 「   」

숲   낮잠   매미

비법   어휘·표현 >> 흉내 내는 말 파악하기

별은
(반짝반짝) 빛난다.

파도는
(철썩철썩) 부딪힌다.

별은 어떻게 빛나고, 파도는 어떤 소리를 내는지 흉내 내는 말을 써서 생생하게 표현했지?

시에서 이렇게 **움직이는 모습이나 소리를 나타내는 흉내 내는 말**을 찾으면 동그라미를 해 봐!

'반짝반짝', '철썩철썩'처럼 흉내 내는 말을 사용하면 시가 더 재미있고 생생하게 느껴져.

예시 문제   다음 시에 쓰인 흉내 내는 말을 두 가지 고르세요. (   )

꽃잎은 좋겠다,
세수 안 해도.
방울방울 이슬이
닦아 주니까.

> 꽃잎에 이슬이 맺힌 모습과
> 소낙비가 내리는 소리를
> 흉내 내는 말을 찾아봐!

나무는 좋겠다,
목욕 안 해도.
주룩주룩 소낙비
씻어 주니까.

서정숙, 「좋겠다」

① 씻어   ② 이슬
③ 좋겠다   ④ 방울방울
⑤ 주룩주룩

빈칸에 들어갈 흉내 내는 말로 알맞은 것은 무엇인가요? (　　　)

엄마 같아요.
쏘옥 파고들면
봄날 꽃동산
피곤도 사르르르
녹아 내리고,
근심 걱정 미움도, 아픔까지도
잠결에 꽃이 되어 피어오르고.

꿈밭이어요.
░░░░░░░*단잠 속
동화의 나라
새가 되어, 구름 되어,
하늘도 날고.

이성관, 「이불」

*단잠: 아주 달게 곤히 자는 잠.

① 으르렁
② 볼록볼록
③ 펄럭펄럭
④ 새록새록
⑤ 보글보글

다음 시에서 아기가 코를 움직이는 모양을 흉내 내는 말을 찾아 쓰세요.

신규야 부르면
코부터 발름발름
대답하지요.

신규야 부르면
눈부터 생글생글
대답하지요.

박목월, 「아기의 대답」

비법 추론 >> 시에 나타난 마음 짐작하기

마음은 말이나 행동, 생각을 보면 알 수 있는데 시에서도 마찬가지야.

시에서 **말하는 이나 시 속에 나오는 인물이 어떤 생각을 갖고 말하고 행동하는지 파악**하면서 시를 읽으면 시에 나타난 마음을 알 수 있지.

"말하는 이가 슬픈가?" 또는 "화가 났네."처럼 시에 나타난 마음을 파악해 봐.

예시 문제 다음 시에 나타난 말하는 이의 마음으로 알맞은 것은 무엇인가요? (   )

어저께도 홍시 하나.
오늘에도 홍시 하나.

까마귀야. 까마귀야.
우리 나무 왜 앉았나.

우리 오빠 오시걸랑
맛 뵈려고 남겨 뒀다.

시에서 말하는 이가
까마귀를 쫓는 까닭을
생각해 봐.

후락 딱딱
훠이 훠이!

정지용, 「홍시」

① 매일 홍시를 먹어 지겨운 마음
② 홍시 맛이 어떤지 궁금한 마음
③ 매일 홍시를 먹는 오빠가 부러운 마음
④ 자꾸 홍시를 먹는 까마귀가 미운 마음
⑤ 서로 홍시를 먹겠다고 다투어 오빠에게 화가 난 마음

연습 문제 1 다음 시에 나타난 아빠의 마음을 바르게 짐작한 친구에 ○표 하세요.

> 아기가 잠드는 걸　　　　　아빠가 가시는 걸
> 보고 가려고　　　　　　　보고 자려고
> 아빠는 머리맡*에　　　　　아기는 말똥말똥
> 앉아 계시고.　　　　　　　잠을 안 자고.
>
> 　　　　　　　　　　　　　　　　　윤석중, 「먼 길」
>
> * 머리맡: 누워 있는 사람의 머리 주위.

(1) 우림: 아빠가 아기와 헤어지기 싫어하는 것 같아.　　　　　　（　　　）

(2) 재영: 아빠는 아기가 잠을 자지 않아서 화가 나 있어.　　　　　（　　　）

(3) 민규: 아빠는 아파서 잠들지 못하는 아기를 걱정하고 있어.　　　（　　　）

연습 문제 2 다음 **1**과 **2**에 나타난 말하는 이의 마음을 각각 찾아 선으로 이으세요.

> **1** "들어오세요."　　　　　　**2** "괜찮을 거야."
> 　　의사 선생님의 말 한마디에　　　　엄마의 말 한마디에
> 　　나도 모르게　　　　　　　　　　나도 모르게
> 　　벌렁거리던 가슴　　　　　　　　환하게 펴지는 얼굴

　　　　　　　　　　　　　　　　　　　　• ㉮　궁금한 마음

(1)　**1**　•

　　　　　　　　　　　　　　　　　　　　• ㉯　안심하는 마음

(2)　**2**　•

　　　　　　　　　　　　　　　　　　　　• ㉰　긴장하는 마음

시를 읽으면서 내용을 머릿속에 그려 보면 어떤 장면이 하나 떠오를 거야.
나무에 대한 시인데 꽃을 떠올린다면? 땡! 시의 내용을 제대로 이해하지 못한 거야.
시를 읽고 장면을 떠올리려면 <u>시의 내용을 잘 이해하는 게 제일 중요해.</u>

예시 문제 다음 시에 어울리는 장면으로 알맞은 것에 ○표 하세요.

너, 호호
나, 호호
매워도 매워도

좋은 마음이야
쫄깃쫄깃 구수하고
라면 사리처럼 꼬글꼬글

『김 솔솔 섞은 수다
얼큰하고 달콤하게 나누는
떡볶이가 좋아.』
『 』: 떡볶이를 나누어
먹는 모습 ①

그 정 오래오래
문밖으로 언덕 넘어 산 넘어
세월 흘러도

『너 호호 나 호호
우리 호호 나누는 떡볶이 정
눈 감아도 언제든 살살 돌 거야.』
『 』: 떡볶이를 나누어 먹는 모습 ②

이복자, 「떡볶이 친구」

(1) 친구와 떡볶이를 먹는 장면   (   )
(2) 엄마가 떡볶이를 만드는 장면   (   )
(3) 친구와 누워서 산을 바라보는 장면   (   )

다음 시에 어울리는 장면을 그림으로 나타낸 것에 ○표 하세요.

> 아~함
> 동생이 하품을 한다
> 입 안이
> 빨갛게 익은 수박 속 같다
> 충치는 까맣게 잘 익은 수박씨
>
> 최명란, 「수박씨」

(1)

(   )

(2)

(   )

(3)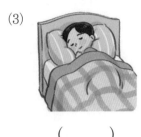

(   )

다음 시를 읽고 떠오르는 장면으로 알맞지 <u>않은</u> 것은 무엇인가요? (   )

> 우리 아기는
> 아래 *발치에서 코올코올
>
> 고양이는
> 부뚜막에서 *가릉가릉
>
> 아기 바람이
> 나뭇가지에서 소올소올
>
> 아저씨 해님이
> 하늘 한가운데서 째앵째앵.
>
> 윤동주, 「봄」
>
> *발치: 누울 때 발이 있는 쪽.
> *가릉가릉: 고양이나 돌고래 따위가 자꾸 내는 소리.

① 아기가 누워 잠자는 장면

② 햇빛이 쨍쨍 내리쬐는 장면

③ 부뚜막에서 고양이가 우는 장면

④ 아기가 고양이와 놀고 있는 장면

⑤ 바람에 나뭇가지가 흔들리는 장면

비눗방울

목일신

비눗방울 날아라.
바람 타고 동동동.*
구름까지 올라라.*
둥실둥실 두둥실.

비눗방울 날아라.
지붕 위에 동동동.
하늘까지 올라라.
둥실둥실 두둥실.

* 동동동: 작은 물체가 떠서 움직이는 모양.
* 올라라: 아래에서 위쪽으로 움직여 가라.

1 주제

이 시는 무엇에 대해 쓴 시인가요? (   )

① 하늘   ② 바람

③ 구름   ④ 지붕

⑤ 비눗방울

☆ 시의 제목이나 자주 나오는 낱말을 살펴봐.

2 내용 이해

비눗방울에게 무엇을 타고 구름까지 올라가라고 하였는지 쓰세요.

3 어휘·표현

이 시에 쓰인 흉내 내는 말을 한 가지 더 찾아 쓰세요.

동동동, 둥실둥실, | | | |
|---|---|---|

4 감상

이 시를 읽고 떠오르는 장면으로 알맞지 <u>않은</u> 것의 기호를 쓰세요.

㉮ 비눗방울이 하늘로 날아가는 장면

㉯ 아이들이 종이비행기를 날리는 장면

㉰ 아이들이 고개를 들고 하늘을 바라보는 장면

(   )

5

비눗방울을 날리는 인물의 마음은 어떠할까요? (   )

① 무섭다.   ② 신난다.

③ 속상하다.   ④ 지루하다.

⑤ 안타깝다.

6

감상

이 시를 읽은 느낌을 바르게 말한 친구는 누구인지 쓰세요.

> 윤호: 비눗방울의 색을 자세하게 표현해서 실감 나게 느껴져.
>
> 은결: 비눗방울과 바람을 사람처럼 표현해서 재미있게 느껴져.
>
> 승아: '날아라', '올라라'와 같은 반복되는 말이 있어 노래하는 느낌이 들어.

(   )

7

적용·창의

이 시의 일부분을 바꾸어 쓸 때, 밑줄 친 '둥실둥실'과 바꾸어 쓸 수 있는 말은 무엇인가요? (   )

> 비눗방울 날아라.
> 지붕 위에 동동동.
> 하늘까지 올라라.
> 둥실둥실 두둥실.

① 둥둥

② 활짝

③ 쨍쨍

④ 송송송

⑤ 방긋방긋

☆ 가볍게 떠서 움직이는 모양을 흉내 내는 말을 골라 봐.

내용 정리

★ 빈칸에 알맞은 말을 쓰거나 ○표를 하여 오늘 읽은 글의 내용을 정리해 보세요.

> 시 속 인물은 ❶(　　　　　　　　　)을 날리고 있다. 시 속 인물은 비눗방울이 바람을 타고 구름까지, 지붕 위까지, ❷(　　　　)까지 올라가기를 바라고 있다. 비눗방울이 ❸(터지는, 날아가는) 모습을 바라볼 때의 아이의 마음을 잘 표현한 시이다.

어휘 정리

1 다음 문장에 알맞은 낱말을 (　　) 안에서 골라 ○표 하세요.

(1) 잠자리가 하늘을 (날고, 낫고) 있다.

(2) 주말마다 아빠와 함께 산을 (올랐다, 졸랐다).

(3) 시냇물에 종이배가 (돌돌돌, 동동동) 떠가고 있다.

2 다음 밑줄 친 낱말 중에서 ○보기○의 '타고'와 같은 뜻으로 쓰인 것에 ○표 하세요.

> ○ 보기 ○　　　　　　　　　　연이 바람을 <u>타고</u> 하늘로 올라간다.

(1) 따뜻한 물에 꿀을 <u>타서</u> 먹었다.　　　　　　　　　　　　(　　)

(2) 산불이 나서 나무들이 활활 <u>타고</u> 있다.　　　　　　　　　(　　)

(3) 나뭇잎이 강물을 <u>타고</u> 떠내려 가고 있다.　　　　　　　　(　　)

발가락

류호철

내 양말에 구멍이 뽕
발가락이 쏙 나왔다.

발가락은 〔 ㉠ 〕
㉡*저거끼리 좋다고 논다.

나도 좀 보자
나도 좀 보자
서로 밀치기 한다.

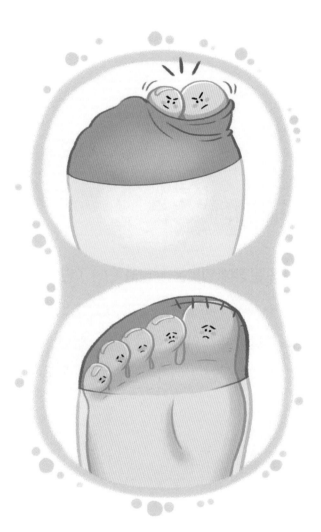

*모처럼 구경하려는데
*와 밀어내노
㉢서로서로 얼굴을 내민다.

그런데 엄마가 양말을 *기워서
발가락은 다시
캄캄한 세상에서
숨도 못 쉬고 살게 되었다.

*저거끼리: '저희끼리'의 경상도 사투리.
*모처럼: 아주 오래간만에.
*와 밀어내노: '왜 밀어내니'의 경상도 사투리.
*기워서: 구멍이 나거나 닳아서 떨어진 곳에 다른 조각을 대거나 그대로 꿰매서.

1

주제

이 시에 가장 자주 나오는 낱말은 무엇인가요? (   )

① 구멍   ② 엄마

③ 양말   ④ 세상

⑤ 발가락

2

어휘·표현

㉠에 들어갈 흉내 내는 말로 알맞은 것은 무엇인가요? (   )

① 반짝반짝   ② 빙글빙글

③ 꾸벅꾸벅   ④ 꼼틀꼼틀

⑤ 주렁주렁

☆ 발가락이 움직이는 모양을 흉내 내는 말을 떠올려 봐.

3

감상

이 시를 읽고 ㉡이 재미있게 느껴졌다면 그 까닭은 무엇일지 알맞은 것에 ○표 하세요.

(1) 흉내 내는 말을 넣어 표현해서   (   )

(2) 발가락을 사람처럼 논다고 표현해서   (   )

(3) 발가락의 생김새를 생생하게 표현해서   (   )

4

내용 이해

㉢은 어떤 모습을 표현한 것인지 알맞은 것의 기호를 쓰세요.

> ㉮ 아이가 구멍 난 양말을 벗는 모습
>
> ㉯ 아이들이 창문 밖으로 얼굴을 내미는 모습
>
> ㉰ 양말 구멍으로 발가락들이 조금씩 나오는 모습

(   )

5 추론

다시 캄캄한 세상에서 살게 된 발가락의 마음은 어떠할까요? (　　　)

① 설렐 것이다.　　　　　　　② 후련할 것이다.

③ 답답할 것이다.　　　　　　④ 즐거울 것이다.

⑤ 부끄러울 것이다.

☆ 시의 마지막 부분에 나타난 발가락의 마음을 짐작해 봐.

6 감상

이 시를 읽고 떠오르는 장면으로 알맞지 <u>않은</u> 것을 두 가지 고르세요. (　　　　)

① 양말에 구멍이 난 장면

② 발가락을 꼼지락거리는 장면

③ 엄마가 구멍 난 양말을 기우는 장면

④ 빨랫줄에 구멍 난 양말이 걸려 있는 장면

⑤ 엄마가 말하는 이의 발을 씻겨 주는 장면

7 적용·창의

이 시에 나오는 발가락들이 다음 상황에서 했을 생각으로 알맞은 것에 ○표 하세요.

양말을 벗어야겠다.

(1) 양말 속 세상에 좀 더 머물러 있고 싶어.　(　　　)

(2) 오랜만에 양말 밖 세상을 구경하려니 겁이 나.

　　　　　　　　　　　　　　　　　　(　　　)

(3) 캄캄한 양말 속 세상에 있다가 밖으로 나가게 되어 기분이 좋아.　　　　　　　　　　(　　　)

📖 내용 정리

⭐ 빈칸에 알맞은 말을 넣어 오늘 읽은 글의 내용을 정리해 보세요.

> 말하는 이의 양말에 ❶(   )이 나서 발가락이 나왔다. 발가락은 모처럼 밖을 구경하려고 서로서로 얼굴을 내민다. 그런데 ❷(   )가 양말을 기워서 ❸(   )은 밖으로 나오지 못하고 다시 캄캄한 양말 속에 갇히게 되었다.

🔍 어휘 정리

1 다음 문장에 알맞은 낱말을 (   ) 안에서 골라 ○표 하세요.

⑴ 할머니가 찢어진 옷을 (재워, 기워) 주었다.

⑵ (모처럼, 좀처럼) 날씨가 좋아 나들이를 갔다.

⑶ 영훈이는 수학 문제집을 보자마자 한숨을 (쉬었다, 보였다).

2 밑줄 친 관용어의 뜻을 바르게 말한 친구에 ○표 하세요.

> 일이 너무 많아서 숨 쉴 새가 없다.

⑴ 죽었다는 뜻이야.

(   )

⑵ 잠시 쉰다는 뜻이야.

(   )

⑶ 몹시 바쁘다는 뜻이야.

(   )

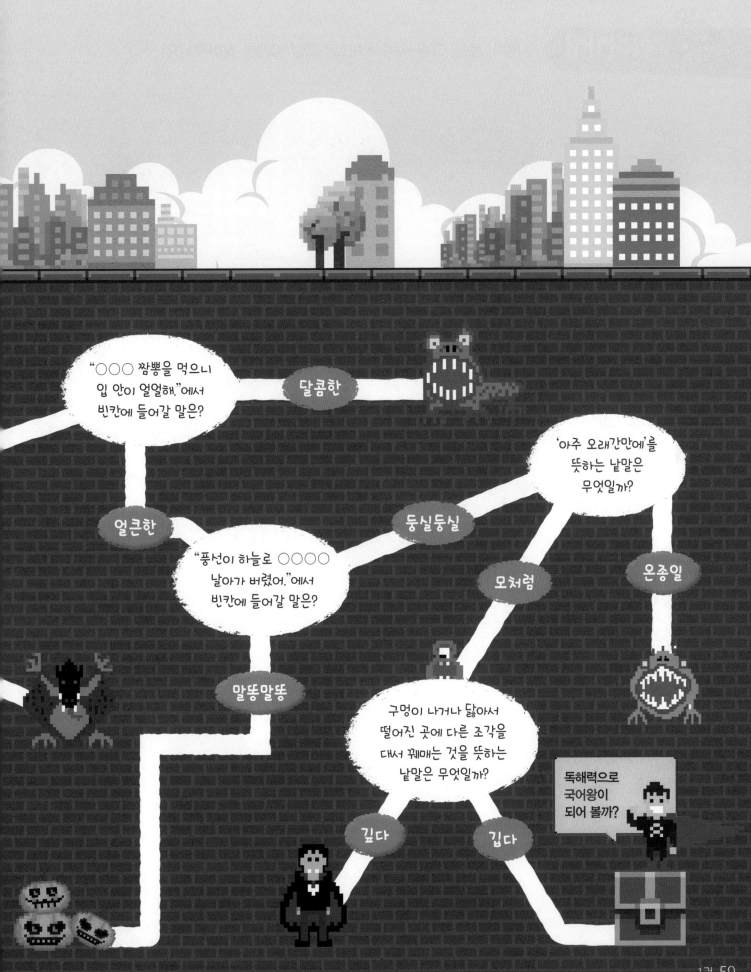

정답 및 해설 16쪽에서 확인하세요.

정보가 담긴 글

정보가 담긴 글에는 설명하는 글, 기행문, 전기문, 기사문 등이 있어요. 읽는 이에게 정보를 주기 위해 쓴 글이지요. 정보가 담긴 글은 무엇에 대하여 어떤 정보를 주고 있는지 파악하며 읽어야 해요.

비법 주제 >> 중심 낱말 파악하기

글을 읽어 보면 글에 **자주 나오는 낱말**이 있을 거야. 그게 바로 글의 중심 낱말이지.
글의 중심 낱말이 무엇인지 파악하려면 글에서 **자주 나오는 낱말**이나 **글의 제목**을 잘 살펴볼 것! 그리고 동그라미를 쳐 봐.

예시 문제 다음 글에서 중심 낱말은 무엇인가요? (   )

> 나무 기둥을 옆으로 자르면 동그라미 모양이 여러 개 있는 것을 볼 수 있는데, 이것을 나이테라고 해요. 나이테는 보통 우리나라처럼 사계절이 뚜렷한 나라에서는 일 년에 한 개씩 생겨요. 그래서 나이테의 수를 세어 보면 나무의 나이를 짐작할 수 있지요.
>
> 또 나무의 나이테로 과거의 날씨를 짐작할 수 있어요. 비가 많이 오고 햇빛을 많이 받은 해에는 나무가 잘 자라 나이테의 간격이 넓지만, 가뭄이 들거나 날씨가 매우 추운 해에는 나무의 성장이 느려 나이테의 간격이 좁아요. ◯: 글에 자주 나오는 낱말

▲ 나이테

① 기둥　　　　　　　　② 나이
③ 날씨　　　　　　　　④ 나이테
⑤ 사계절

연습 문제 **1** 다음 글의 중심 낱말은 무엇인가요? (   )

> 사람들은 아주 오래전부터 지도를 사용했습니다. 옛날 사람들은 글자가 발명되기 전부터 먹을 것이 많은 곳, 사냥하기 좋은 곳 등을 표시하기 위해서 지도를 그려 사용하기 시작했습니다. 이때는 종이가 없었기 때문에 진흙으로 만든 판에 나뭇가지로 그림을 그려 만든 지도를 사용했습니다. 또 나무줄기에 조개껍데기를 붙이거나 동물의 가죽에 나뭇조각을 붙여 지도를 만들기도 했습니다.

① 글자   ② 지도

③ 종이   ④ 사냥

⑤ 가죽

연습 문제 **2** 다음은 무엇에 대해 설명하는 글인지 쓰세요.

> 꽹과리는 우리나라의 전통 악기입니다. *놋쇠로 만든 둥근 그릇 모양으로, 끈으로 만든 손잡이가 달려 있습니다. 꽹과리는 나무를 깎아 만든 채로 금속판을 두들겨 소리를 냅니다. 소리가 매우 높고 날카롭기 때문에 농악놀이를 할 때 맨 앞에 서서 연주를 이끕니다.
>
> *놋쇠: 구리에 아연을 섞어 만든 누런 쇠붙이.

▲ 꽹과리

비법 내용 이해 >> 설명 대상의 특징 파악하기

특징이란 특별히 눈에 띄는 점을 말하잖아? 글을 읽고 **설명 대상의 특징에 대해 바르게 정리한 것을 찾아봐.** 문제 보기에 나와 있는 내용이 글의 내용과 같은지 살펴보고 같으면 ○표, 다르면 ×표!

예시 문제 다음 글을 읽고 갯벌에 대한 설명으로 알맞지 <u>않은</u> 것은 무엇인가요? (   )

*갯벌은 우리에게 많은 *이로움을 주어요.
_{설명 대상}

『갯벌에는 조개나 게, 낙지 등 다양한 생물이 살고 있어요. 그래서 우리는 갯벌에 사는 생물을 먹을거리로 얻을 수 있어요. 또 갯벌은 홍수가 났을 때 피해를 줄여 주어요. 홍수가 일어나면 갯벌은 많은 양의 물을 빨아들여 주어요. 그리고 갯벌은 오염 물질을 깨끗하게 걸러 내 주기도 해요. 갯벌 속에 사는 갯지렁이 같은 생물은 갯벌로 들어오는 오염 물질을 깨끗하게 만들어 준답니다. 이 밖에도 갯벌은 우리에게 아름다운 경치를 제공해 주어요.』『 』: 설명 대상의 특징

* 갯벌: 바닷물이 빠졌을 때에 드러나는 넓은 진흙 벌판.
* 이로움: 도움이나 이익.

① 사람들이 생활하는 곳이다.
② 아름다운 경치를 제공해 준다.
③ 홍수가 났을 때 피해를 줄여 준다.
④ 오염 물질을 깨끗하게 걸러 내 준다.
⑤ 갯벌에 사는 생물을 먹을거리로 얻을 수 있다.

연습 문제 **1** **다음 글을 읽고 오륜기에 대한 설명으로 알맞은 것에 모두 ○표 하세요.**

> 　오륜기는 올림픽을 나타내는 깃발이에요. 오륜기는 흰색 바탕에 파란색, 노란색, 검정색, 초록색, 빨간색의 동그라미가 그려져 있어요. 이 다섯 가지 색은 세계 여러 나라 국기에서 가장 많이 쓰이는 색이에요. 또 오륜기에 그려진 다섯 개의 동그라미는 각각 유럽, 아시아, 아프리카, 오세아니아, 아메리카 등 지구에 있는 다섯 개의 대륙*을 나타내요.
>
>
> ▲ 오륜기
>
> *대륙: 바다로 둘러싸인 크고 넓은 땅.

(1) 올림픽을 나타내는 깃발이다. 　　　　　　　　　　　　　　　　　(　　)

(2) 다섯 개의 동그라미는 다섯 개의 대륙을 나타낸다. 　　　　　　　(　　)

(3) 흰색 바탕에 모두 같은 색의 동그라미가 그려져 있다. 　　　　　(　　)

연습 문제 **2** **다음 글을 읽고 한라산에 대해 알게 된 사실로 알맞지 않은 것은 무엇인가요?**

(　　)

> 　책을 읽고 한라산에 대해 새로 알게 된 내용을 소개하겠습니다. 한반도에서 가장 높은 산이 백두산이라면, 우리나라에서 가장 높은 산은 한라산입니다. 제주도에 있는 한라산은 멀리서 보면 *삿갓 모양이며, 꼭대기에 백록담이라는 호수가 있습니다. 이 백록담에는 흰 사슴을 탄 신선이 내려와 물을 마셨다는 전설이 있습니다. 한라산은 높이에 따라 다양한 동물과 식물이 살고 있습니다. 또한 경치가 아름다워 사람들이 많이 찾는 관광지이기도 합니다.
>
> *삿갓: 옛날에 비나 햇볕을 가리려고 쓰던 큰 모자.

① 한라산은 제주도에 있다. 　　　　　　② 한반도에서 가장 높은 산이다.

③ 다양한 동물과 식물이 살고 있다. 　　④ 꼭대기에는 백록담이라는 호수가 있다.

⑤ 경치가 아름다워 사람들이 많이 찾는다.

비법 짜임 >> 주요 내용 정리하기

'주요'는 '가장 중심이 되고, 중요하다'는 뜻이야. **글에서 제일 중요한 내용을 담고 있는 부분을 찾아** 밑줄을 그어 봐. 그리고 중요한 내용이 잘 드러나도록 간단하게 정리하면 끝이야!

예시 문제 다음 글의 주요 내용을 정리할 때, ㉠에 들어갈 내용으로 알맞은 것은 무엇인가요?

( )

우리 조상들은 <u>바람이 부는 방향에 따라</u> <u>바람의 이름을</u> 다르게 붙였어요. 동쪽
　　　　　　　　　　주요 내용 ①　　　　　　　　　　설명 대상
에서 불어오는 바람은 '샛바람', 서쪽에서 불어오는 바람은 '하늬바람', 남쪽에서
불어오는 바람은 '마파람', 북쪽에서 불어오는 바람은 '된바람'이라고 불렀어요.

또 <u>바람이 부는 계절에 따라</u> 이름을 다르게 붙이기도 했어요. 이른 봄에 꽃이
　　　주요 내용 ②
필 무렵에 부는 쌀쌀한 바람은 '꽃샘바람', 초가을에 부는 선들선들한 바람은 '건
들바람', 겨울철에 좁은 문틈으로 거세게 들어오는 바람은 '황소바람'이라고 불렀
지요.

＊선들선들한: 서늘한 바람이 자꾸 가볍고 부드럽게 부는.

① 바람의 이름　　　　　　　　　　② 바람을 막는 법
③ 바람이 부는 까닭　　　　　　　　④ 바람이 많이 부는 곳
⑤ 바람으로 할 수 있는 일

연습 문제 1 다음 글의 주요 내용을 알맞게 정리한 것에 ○표 하세요.

> 음식 냄새가 *밴 것을 없앨 때 치약을 써요. 생선이나 마늘 같은 것을 만지고 나면 손에 생선 비린내나 매운 냄새가 배지요. 이때 치약을 조금 짜서 손에 발라 비빈 다음 물로 씻어 주면 손에 밴 냄새를 쉽게 없앨 수 있어요. 또 플라스틱 반찬 통에 음식 냄새가 뱄을 때도 치약으로 반찬 통을 닦아 주면 냄새가 없어져요.
>
> *밴: 냄새가 스며들어 오래도록 남아 있는.

(1) 음식 냄새를 없앨 때 치약을 쓴다.   (   )

(2) 플라스틱 반찬 통에 음식 냄새가 밴다.   (   )

(3) 생선이나 마늘을 만지고 나면 손에 냄새가 밴다.   (   )

연습 문제 2 다음 글의 주요 내용을 정리하여 빈칸에 알맞은 말을 쓰세요.

> 프랑스에서는 인사를 할 때 서로 끌어안고 양쪽 뺨을 번갈아 마주 댑니다. 뺨을 댈 때 뽀뽀를 하는 것처럼 입으로 "쪽" 소리를 냅니다. 보통 '봉주르'라고 인사말을 한 뒤에 오른쪽 뺨부터 한 번 하고, 왼쪽 뺨에 한 번 더 합니다. 반갑거나 친한 사람일수록 뺨을 더 많이 맞대고, 입으로 "쪽" 소리도 더 크게 냅니다.

• 프랑스에서는 서로 끌어안고 양쪽 ☐ 을 번갈아 마주 대고 ☐ 으로 "쪽" 소리를 내며 인사를 한다.

추론 >> 알맞은 낱말 짐작하기

빈칸에 어떤 낱말이 들어가는 게 알맞을까? 그것을 알아내려면 **빈칸 앞뒤에 어떤 내용이 나오는지 파악**해야 해. 빈칸에 들어갈 낱말을 짐작할 수 있는 부분을 찾았으면 문제 보기에 주어진 낱말을 하나씩 넣어 볼까? 자연스럽게 내용이 연결되면 그것이 정답이야!

예시 문제 빈칸에 들어갈 알맞은 말은 무엇인가요? (   )

벌새는 새 중에서 크기가 가장 작은 새예요. 벌새 중에는 다 자라도 몸길이가 5센티미터 정도밖에 안 되는 것도 있다고 해요. 벌새는 크기가 작지만 나는 힘이 아주 강해요. 벌처럼 ▢▢▢▢▢를 빠르게 움직일 수 있어서 <u>매우 빠른 속도로 날 수 있고, 한자리에 가만히 떠 있을 수도 있어요.</u> 그래서 벌처럼 공중에 멈춘
빈칸에 들어갈 낱말을 짐작할 수 있는 부분
상태에서 꽃의 꿀을 빨아먹어요.

▲ 벌새

① 눈   ② 날개
③ 꼬리   ④ 다리
⑤ 부리

빈칸에 들어갈 말로 알맞은 것에 ○표 하세요.

펭귄 중에서 가장 몸집이 큰 황제펭귄들은 남극의 매서운 추위를 어떻게 이겨 낼까요? 황제펭귄들은 영하 50도 이하로 기온이 내려가면 *무리를 지어 둥글게 원을 만들어 서로 가깝게 붙어 있습니다. 안쪽에 서 있던 황제펭귄들이 몸이 따뜻해지면 바깥쪽으로 나옵니다. 그리고 바깥쪽에 서서 바람을 막아 주었던 황제펭귄들이 안쪽으로 들어갑니다. 이렇게 황제펭귄들은 서로 ▦▦▦▦를 바꾸어 가며 체온이 떨어지는 것을 막습니다.

▲ 황제펭귄

* 무리: 여러 사람이나 동물, 사물 등이 함께 모여 있는 것.

| 짝 | 먹이 | 자리 |

빈칸에 들어갈 알맞은 말은 무엇인가요? (   )

가을이 되면 초록색이었던 나뭇잎이 노란색, 빨간색 등으로 물듭니다. 여름 내내 푸르던 나뭇잎이 노랗거나 빨갛게 물드는 이유는 무엇일까요? 나뭇잎에는 여러 가지 *색소가 들어 있습니다. 그런데 가을이 되어 기온이 내려가면 나뭇잎을 초록색으로 보이게 만들었던 엽록소라는 색소가 점점 ▦▦▦▦ 됩니다. 이때 초록색 색소에 가려 보이지 않았던 노란색이나 빨간색 색소가 밖으로 보이기 시작하면서 나뭇잎이 노랗거나 빨갛게 물드는 것입니다.

* 색소: 어떤 것에서 색깔이 나게 해 주는 물질.

① 보이게   ② 쌓이게   ③ 많아지게

④ 줄어들게   ⑤ 늘어나게

DAY **13**

비법 훈련

세계적인 축구 대회, 월드컵

1 월드컵은 전 세계 축구 선수들이 모여 실력을 *겨루는 세계적인 축구 대회입니다. 월드컵은 4년에 한 번 열리는데, 한 종목만 진행하는 세계 선수권 대회 중에서 가장 큰 대회입니다. 또한 세계에서 가장 많은 사람이 보는 스포츠 행사입니다.

2 월드컵은 ㉠나라마다 돌아가면서 열립니다. 1930년에 우루과이에서 월드컵이 처음 열렸습니다. 1938년 프랑스에서 세 번째 월드컵이 열린 이후 세계적으로 큰 전쟁이 일어나 12년 동안 열리지 않다가, 전쟁이 끝난 1950년에 브라질에서 다시 열렸습니다. 2002년에는 우리나라와 일본에서 공동으로 월드컵이 열리기도 했습니다. 월드컵을 어느 국가에서 열지는 투표로 *결정합니다. 월드컵을 *담당하는 기관인 국제 축구 연맹에서 투표를 하여 (㉡).

3 월드컵과 관련된 기록들도 많습니다. 월드컵이 가장 많이 열린 나라는 멕시코, 이탈리아, 프랑스, 브라질입니다. 멕시코는 월드컵에서 가장 많이 진 나라이기도 합니다. 또 월드컵에서 우승을 가장 많이 한 나라는 브라질입니다. 브라질은 지금까지 열린 월드컵에 모두 *참가한 나라이기도 합니다.

*겨루는: 서로 버티어 승부를 다투는.
*결정합니다: 행동이나 태도를 분명하게 정합니다.
*담당하는: 어떤 일을 맡은.
*참가한: 회의나 모임 등의 자리에 가서 함께하는.

1

주제

이 글의 중심 낱말은 무엇인가요? (　　　)

① 나라　　　　　　　　　② 종목

③ 전쟁　　　　　　　　　④ 우승

⑤ 월드컵

☆ 이 글에서 가장 자주 나오는 낱말이 무엇인지 파악해 봐.

2

어휘·표현

글 ❷에 쓰인 낱말 중에서 ㉠'나라'와 뜻이 비슷한 낱말을 찾아 쓰세요.

3

내용 이해

월드컵이 12년 동안 열리지 않은 까닭은 무엇인가요? (　　　)

① 많은 나라들이 참가하지 않아서

② 세계적으로 큰 전쟁이 일어나서

③ 월드컵을 열겠다고 한 나라가 많아서

④ 축구를 좋아하는 사람들이 많지 않아서

⑤ 월드컵을 담당하는 국제 축구 연맹이 없어져서

☆ 글 ❷에 그 까닭이 나와 있어.

4

추론

㉡에 들어갈 말로 알맞은 것에 ◯표 하세요.

(1) 　정합니다　　　　　(2) 　만납니다　　　　　(3) 　소개합니다

　　(　　　)　　　　　　　　(　　　)　　　　　　　　(　　　)

5

짜임

글 **2**의 주요 내용으로 알맞은 것의 기호를 쓰세요.

⑦ 월드컵은 나라마다 돌아가면서 열리고, 월드컵을 어느 국가에서 열지는 투표로 결정한다.

⑭ 월드컵은 1930년 우루과이에서 처음 열렸고, 2002년에는 우리나라와 일본에서 공동으로 열렸다.

(   )

☆ 글 **2**는 월드컵이 열리는 나라를 정하는 방법에 대해 설명한 부분이야.

6

내용 이해

월드컵에 대한 설명으로 알맞은 것은 무엇인가요? (   )

① 한 나라에서만 열린다.

② 보는 사람이 많지 않다.

③ 2년마다 한 번씩 열린다.

④ 월드컵이 처음 열린 나라는 멕시코이다.

⑤ 월드컵에서 우승을 가장 많이 한 나라는 브라질이다.

7

적용·창의

다음 올림픽에 대해 설명하는 글을 읽고, 이 글에서 설명한 월드컵과 올림픽의 다른 점에 대해 바르게 말한 것에 ○표 하세요.

올림픽은 4년마다 한 번씩 열리는 국제 스포츠 대회입니다. 올림픽 경기 종목에는 육상, 수영, 축구를 비롯해 체조, 펜싱 등 여러 가지가 있습니다. 올림픽은 1896년 그리스의 아테네에서 처음 열렸습니다. 우리나라에서는 1988년에 서울에서 올림픽이 열렸습니다.

(1) 우리나라에서 올림픽은 1988년에 열렸지만, 월드컵은 아직 열리지 못했다.

(   )

(2) 월드컵은 한 번 열릴 때 한 종목만 진행하는데, 올림픽은 여러 가지 종목을 한꺼번에 진행한다.

(   )

📖 내용 정리

⭐ 빈칸에 알맞은 말을 쓰거나 ◯표를 하여 오늘 읽은 글의 내용을 정리해 보세요.

> 월드컵은 세계적인 ❶(축구, 야구) 대회로, ❷(　　)년에 한 번 열리는 가장 큰 스포츠 행사이다. 월드컵은 나라마다 돌아가면서 열리는데, 어느 나라에서 열지는 국제 축구 연맹에서 ❸(　　　　)로 결정한다. 월드컵이 가장 많이 열린 나라는 멕시코, 이탈리아, 프랑스, 브라질이고, 월드컵에 모두 참가하여 우승을 가장 많이 한 나라는 브라질이다.

🔍 어휘 정리

1 빈칸에 들어갈 알맞은 낱말에 ◯표 하세요.

(1)

> 아이들은 가위바위보로 술래를 　　　　.

(걱정했다, 결정했다)

(2)

> 민선이와 승현이는 누가 달리기를 잘하는지 　　　　 보았다.

(겨루어, 이루어)

2 빈칸에 알맞은 낱말을 ◯보기◯에서 찾아 쓰세요.

◯ 보기 ◯　　　　　　　　담당　　　　참가

(1) 이 행사에 (　　　　)하고 싶다면 3월까지 신청하세요.

(2) 그 선생님은 학교에서 음악 과목을 (　　　　)하고 있다.

새 식구 꼬미를 소개합니다

1 꼬미는 제가 키우는 강아지의 이름입니다. 할머니께서 키우시던 강아지 꼬미를 제게 주셨습니다. 우리 집의 새로운 식구인 꼬미에 대해 소개하겠습니다.

2 꼬미는 태어난 지 6개월 된 수컷 강아지입니다. 강아지의 종류는 비글입니다. 얼굴과 등 부분만 어두운 갈색이고 나머지는 흰색입니다. 기다랗고 넓적한 귀가 축[*] 늘어져 있고 입은 툭 튀어나와 무척 귀엽습니다. 털은 짧고 매끄러우며 눈이 까맣고 큽니다.

3 꼬미는 매우 [*]활발합니다. 달리기도 좋아하고 공놀이도 좋아합니다. 그래서 저는 매일 꼬미를 데리고 집 앞 공원에 가서 공놀이를 합니다. 그리고 꼬미는 무척 [*]순합니다. 집에 [*]낯선 사람이 와도 잘 (㉠) 않습니다.

4 꼬미는 냄새를 아주 잘 맡습니다. 제가 방에서 음식을 먹을 때면 어느 틈엔가 달려와 꼬리를 흔들며 저를 쳐다봅니다. 아빠께서 원래 꼬미와 같은 비글은 다른 개들보다 (㉡) 잘 맡는다고 알려 주셨습니다.

*늘어져: 팽팽하게 있지 못하여 아래로 처져.
*활발합니다: 생기가 있고 힘차며 시원스럽습니다.
*순합니다: 성질, 태도 등이 부드럽고 착합니다.
*낯선: 전에 본 기억이 없어 익숙하지 않은.

1 주제

누구를 소개하는 글인지 쓰세요.

강아지 ☐☐

2 내용 이해

꼬미에 대한 설명으로 알맞은 것을 모두 고르세요. (　　　　)

① 암컷이다.

② 종류는 비글이다.

③ 냄새를 잘 맡는다.

④ 달리기와 공놀이를 싫어한다.

⑤ 글쓴이가 키우는 강아지의 이름이다.

3 어휘·표현

글 **2**에서 꼬미의 생김새를 표현한 부분이 <u>아닌</u> 것은 무엇인가요? (　　　　)

① 털은 짧고 매끄럽다.

② 입은 툭 튀어나왔다.

③ 태어난 지 6개월이 되었다.

④ 기다랗고 넓적한 귀가 축 늘어져 있다.

⑤ 얼굴과 등 부분만 어두운 갈색이고 나머지는 흰색이다.

☆ 꼬미의 모습을 알 수 있는 부분이 아닌 것을 찾아봐.

4 짜임

글 **3**의 주요 내용을 알맞게 정리한 것의 기호를 쓰세요.

> ㉮ 꼬미는 매우 활발하고 순하다.
> ㉯ 꼬미는 매일 집 앞 공원에 가서 공놀이를 한다.

(　　　　　　　　)

5

어휘·표현

⊙에 들어갈 말을 바르게 쓴 것에 ○표 하세요.

짓지   짖지   짙지

6

추론

ⓛ에 들어갈 말로 알맞은 것은 무엇인가요? (   )

① 맛을   ② 소리를
③ 표정을   ④ 냄새를
⑤ 몸짓을

7

적용·창의

다음 글에서 꼬미와 같은 재주를 가진 동물은 무엇인지 찾아 쓰세요.

동물들은 각각 다른 재주를 가지고 있습니다. 벼룩은 자기 몸의 100배가 넘는 높이까지 뛸 수 있습니다. 타조는 아주 멀리 떨어진 곳에서 개미가 기어가는 것을 볼 수 있을 정도로 눈이 좋습니다. 너구리는 밤에도 냄새로 먹이를 찾을 정도로 코가 발달하였습니다.

(   )

☆ 꼬미는 냄새를 잘 맡는 재주를 가지고 있어.

내용 정리

★ 빈칸에 알맞은 말을 쓰거나 ○표를 하여 오늘 읽은 글의 내용을 정리해 보세요.

> 우리 집에서 키우는 꼬미는 6개월 된 수컷 비글 ❶(강아지, 고양이)이다. 얼굴과 등 부분은 어두운 갈색이고 나머지는 흰색이다. 귀가 늘어져 있고 입이 튀어나왔다. 털은 짧고 매끄러우며, 눈이 까맣고 크다. 꼬미는 매우 활발하고 무척 ❷(사납다, 순하다). 또 ❸(   )를 아주 잘 맡는다.

어휘 정리

1 다음 문장에 알맞은 낱말을 (   ) 안에서 골라 ○표 하세요.

⑴ (최선, 낯선) 아저씨가 말을 걸어 깜짝 놀랐다.

⑵ 목욕을 했더니 피부가 무척 (시끄럽다, 매끄럽다).

⑶ 나뭇가지의 끝이 아래로 축축 (늘어져, 멀어져) 있었다.

2 밑줄 친 관용어의 뜻으로 알맞은 것에 ○표 하세요.

> 나는 선생님의 말씀에 <u>귀를 기울였습니다.</u>

⑴ 주의 깊게 들었습니다.   (   )

⑵ 듣고도 못 들은 척했습니다.   (   )

⑶ 너무 많이 들어서 또 듣기가 싫었습니다.   (   )

무지개는 몇 가지 색깔일까요?

1 비가 온 뒤 햇빛이 *나면 하늘에 무지개가 보여요. 우리는 하늘에 뜬 무지개를 보고 빨강, 주황, 노랑, 초록, 파랑, 남색, 보라, 이렇게 일곱 가지 색깔로 그리지요. 하지만 실제로 무지개의 색깔은 일곱 가지가 아니랍니다.

2 실제 무지개의 색깔은 수백 가지도 넘는 색으로 이루어져 있어요. 무지개는 햇빛이 하늘에 떠 있는 물방울을 *비춰서 만들어지는데, 이때 만들어지는 무지개 색깔을 *최대 200가지 정도의 색으로 ㉠*가를 수 있다고 해요. 그런데 무지개를 일곱 가지 색깔로 나눈 까닭은 옛날부터 사람들이 7이라는 숫자를 아주 특별하게 생각했기 때문이에요. 무지개의 색깔을 일곱 가지로 처음 나눈 사람은 뉴턴이라는 과학자예요. 뉴턴도 7이란 숫자를 특별하게 생각했다고 해요. 이것이 지금까지 이어진 것이지요.

3 하지만 모든 나라가 무지개를 일곱 가지 색깔로 그리지는 않아요. 미국에서는 무지개를 일곱 가지 색깔 중에서 남색을 뺀 여섯 가지 색깔로 그려요. 멕시코 *원주민들은 무지개를 검정, 하양, 빨강, 노랑, 파랑, 다섯 가지 색깔로 그려요. 또 아프리카에서는 빨강과 검정, 두 가지 색깔로 그려요. 이렇게 무지개 색깔은 나라마다 (㉡).

---

* 나면: 햇빛 등이 나타나면.
* 비춰서: 빛을 받게 하거나 빛이 통하게 해서.
* 최대: 수나 양, 정도 등이 가장 큼.
* 가를: 나누어 따로 되게 할.
* 원주민: 그 지역에 본디부터 살고 있는 사람들.

1 주제

이 글에서 가장 중요한 낱말은 무엇인가요? (　　　)

① 비　　　　　　　　　　　② 햇빛
③ 숫자　　　　　　　　　　④ 하늘
⑤ 무지개

2 어휘·표현

이 글에 쓰인 낱말 중에서 ㉠'가를'과 바꾸어 쓸 수 있는 말에 ○표 하세요.

> 나눌　　　　　비출　　　　　특별할

3 내용 이해

무지개의 색깔을 일곱 가지로 처음 나눈 사람은 누구인지 쓰세요.

☆ 글 ❷에 무지개의 색깔을 일곱 가지로 처음 나눈 과학자의 이름이 나와 있어.

4 짜임

글 ❷의 주요 내용을 바르게 정리한 것의 기호를 쓰세요.

> ㉮ 뉴턴은 7이란 숫자를 아주 특별하게 생각했다.
> ㉯ 실제 무지개 색깔은 수백 가지도 넘는 색으로 이루어져 있다.
> ㉰ 무지개는 햇빛이 하늘에 떠 있는 물방울을 비춰서 만들어진다.

(　　　　　　　　　)

☆ 글 ❷의 첫 문장이 글 ❷의 주요 내용을 담고 있는 문장이야.

5 ⓒ에 들어갈 말로 알맞은 것은 무엇인가요? (　　　)

① 같아요
② 쉬워요
③ 달라요
④ 어려워요
⑤ 화려해요

☆ ⓒ 앞에 나오는 내용을 읽으면 들어갈 말을 짐작할 수 있어.

6 내용 이해

이 글을 읽고 무지개에 대해 알게 된 사실을 바르게 말한 친구는 누구인지 쓰세요.

정안: 무지개는 비가 내릴 때 볼 수 있어.
세아: 모든 나라가 무지개를 같은 색으로 그려.
예슬: 무지개는 실제로 일곱 가지 색보다 많은 색으로 이루어져 있어.

(　　　　　　　　　)

7 적용·창의

다음 중 미국 어린이가 그렸을 무지개 그림으로 알맞은 것에 ○표 하세요.

(1)　　　　　　　　　(2)　　　　　　　　　(3)

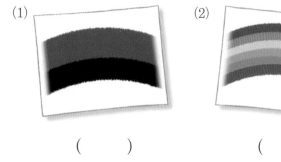 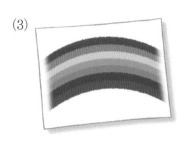

(　　　)　　　　　　(　　　)　　　　　　(　　　)

☆ 글 ❸의 내용을 읽어 봐.

내용 정리

⭐ 빈칸에 알맞은 말을 쓰거나 ○표를 하여 오늘 읽은 글의 내용을 정리해 보세요.

> 실제로 무지개의 색깔은 일곱 가지가 아니다. 실제 무지개의 색깔은 수백 가지도 넘는데, 옛날부터 사람들이 ❶(   )이란 숫자를 ❷(특별하게, 이상하게) 생각해서 무지개의 색깔을 일곱 가지로 표현했다. 하지만 모든 나라가 무지개 색깔을 ❸(같게, 다르게) 그리지는 않는다.

어휘 정리

1 빈칸에 알맞은 낱말을 ◦보기◦에서 찾아 쓰세요.

> ◦ 보기 ◦   나서   이어져   갈라서

(1) 해가 (   ) 마당에 빨래를 널었다.

(2) 피자를 여덟 조각으로 (   ) 먹었다.

(3) 김치는 옛날부터 (   ) 온 우리의 음식이다.

2 밑줄 친 관용어의 뜻으로 알맞은 것에 ○표 하세요.

> 나와 언니는 성격이 <u>하늘과 땅</u>만큼이나 달라요.

(1) 큰 차이가 있다. (   )   (2) 잘난 체하고 뽐내다. (   )

안데르센

1 안데르센은 1805년 덴마크의 오덴세라는 마을에서 가난한 구두 *수선공의 아들로 태어났어요. 어려서부터 이야기를 꾸며 말하는 것을 좋아했지요.

2 안데르센은 열네 살 때, 극장에서 연극 공연을 보고 배우의 꿈을 갖게 되었어요. 그래서 더 큰 도시인 코펜하겐으로 떠났어요. 안데르센이 왕립 극단을 찾아가 연기를 보여 주자, 극단 사람들은 모두 고개를 저으며 말했어요.

"자네는 배우가 되기에는 얼굴도 못생기고 연기도 형편없어."

안데르센은 배우가 되는 꿈을 〔　　ㄱ　　〕 대신 글을 쓰기 시작했어요. 하지만 학교 공부를 제대로 하지 못했기 때문에 글을 잘 쓰지는 못했어요. 사람들은 안데르센의 글을 좋아하지 않았지요.

3 열일곱 살이 되던 해, 안데르센은 왕립 극단 감독 콜린을 만나게 되었어요.

"자네는 이야기 꾸미는 재주가 있네. 제대로 공부하면 좋은 글을 쓸 수 있어."

콜린의 도움으로 문법 학교에 들어가게 된 안데르센은 열심히 공부를 했어요.

4 서른 살 때, 마침내 안데르센은 『즉흥 시인』이라는 책을 써서 유명한 작가가 되었어요. 『즉흥 시인』은 이탈리아의 가난한 집에서 태어난 천재 시인의 성공과 사랑에 대한 이야기예요. 그리고 같은 해에 어린이들을 위한 동화집도 발표했어요.

5 안데르센은 35년 동안 약 130편의 동화를 썼어요. 『인어 공주』, 『벌거벗은 임금님』, 『눈의 여왕』, 『미운 오리 새끼』 등 수많은 동화를 남기고 70세의 나이로 세상을 떠났어요.

안데르센이 쓴 동화에는 아름다운 *환상의 세계와 따뜻한 마음이 담겨 있어요. 지금도 안데르센이 쓴 동화는 전 세계 어린이들에게 많은 사랑을 받고 있어요.

---

*수선공: 오래되거나 고장 난 것을 다시 쓸 수 있게 고치는 사람.
*환상: 실제로는 있을 수 없거나 일어날 수 없는 일을 꿈꾸는 것. 또는 그런 꿈이나 생각.

1 주제

누구에 대해 쓴 글인지 쓰세요.

2 추론

㉠에 들어갈 말로 알맞은 것은 무엇인가요? (　　　)

① 꾸고　　　　　　　　　　② 펼치고

③ 이루고　　　　　　　　　④ 포기하고

⑤ 결정하고

☆ 극단 사람들의 말을 들은 안데르센은 배우가 되는 꿈을 어떻게 했을지 짐작해 봐.

3 짜임

글 ❸의 주요 내용을 정리하여 빈칸에 알맞은 말을 쓰세요.

> 열일곱 살 때, 안데르센은 왕립 극단 감독 ☐☐ 의 도움으로 문법 ☐☐ 에 들어가 공부를 했다.

4 내용 이해

안데르센이 어린이들을 위해서 쓴 동화가 <u>아닌</u> 것은 무엇인가요? (　　　)

①『인어 공주』　　　　　　②『눈의 여왕』

③『즉흥 시인』　　　　　　④『미운 오리 새끼』

⑤『벌거벗은 임금님』

5 어휘·표현

다음과 같은 뜻을 가진 낱말을 글 **5**에서 찾아 쓰세요.

> 나이를 세는 말.

6 내용 이해

안데르센에 대한 설명으로 알맞은 것을 두 가지 고르세요. (   )

① 부잣집에서 태어났다.

② 열네 살 때 학교에 들어갔다.

③ 35년 동안 약 130편의 동화를 썼다.

④ 작가의 꿈을 이루기 위해 코펜하겐으로 떠났다.

⑤ 어려서부터 이야기를 꾸며 말하는 것을 좋아했다.

7 적용·창의

다음은 안데르센이 쓴 『미운 오리 새끼』의 일부분입니다. 안데르센이 동화를 통해 아이들에게 말하고 싶은 것은 무엇이었을지 알맞은 것에 ○표 하세요.

> 아기 오리 한 마리가 있었어요. 아기 오리는 크고 못생겨서 친구들과 형제들에게 늘 따돌림을 받았어요. 아기 오리는 집을 나와 혼자서 추운 겨울을 견뎌 내면서 살았어요.
>
> 어느 따뜻한 봄날, 아기 오리는 연못에 비친 자기의 모습을 보고 자신이 아름다운 백조라는 사실을 알게 되었어요. 아기 오리는 행복한 웃음을 지으며 다른 백조들과 함께 놀았어요.

(1) 거짓말을 하는 것은 나쁜 습관이야. 항상 정직해야 해.   (   )

(2) 사람들이 알아주지 않더라도 슬퍼하지 마. 너는 백조처럼 아름다운 사람이야.

(   )

☆ 안데르센은 『미운 오리 새끼』에 나오는 아기 오리를 통해 어떤 말을 하고 싶었을지 생각해 봐.

📑 내용 정리

★ 빈칸에 알맞은 말을 쓰거나 ○표를 하여 오늘 읽은 글의 내용을 정리해 보세요.

1805년 덴마크에서 태어난 안데르센은 열네 살 때, ❶(배우, 화가)가 되고 싶었지만 꿈을 이루지 못하고 대신 글을 쓰기 시작했다. 열일곱 살 때, 안데르센의 재능을 알아본 왕립 극단 감독 ❷(   )의 도움으로 문법 학교에 들어가서 열심히 공부했다. 서른 살 때부터 ❸(시, 동화)를 쓰기 시작한 안데르센은 35년 동안 약 130편의 작품을 썼다.

🔍 어휘 정리

1 빈칸에 알맞은 낱말을 ○보기○에서 찾아 쓰세요.

○ 보기 ○   환상   형편

(1) 시험 점수가 (   )없이 나와서 속상했다.

(2) 아기의 웃는 모습을 보면 천사를 보는 듯한 (   )에 빠지는 것 같다.

2 밑줄 친 관용어의 뜻으로 알맞은 것을 찾아 선으로 이으세요

내가 그린 그림이 뽑힐 줄은
꿈에도 생각지 못했다. •

• ㉮   전혀 생각하지 못했다.

• ㉯   마음대로 상상하고 기대했다.

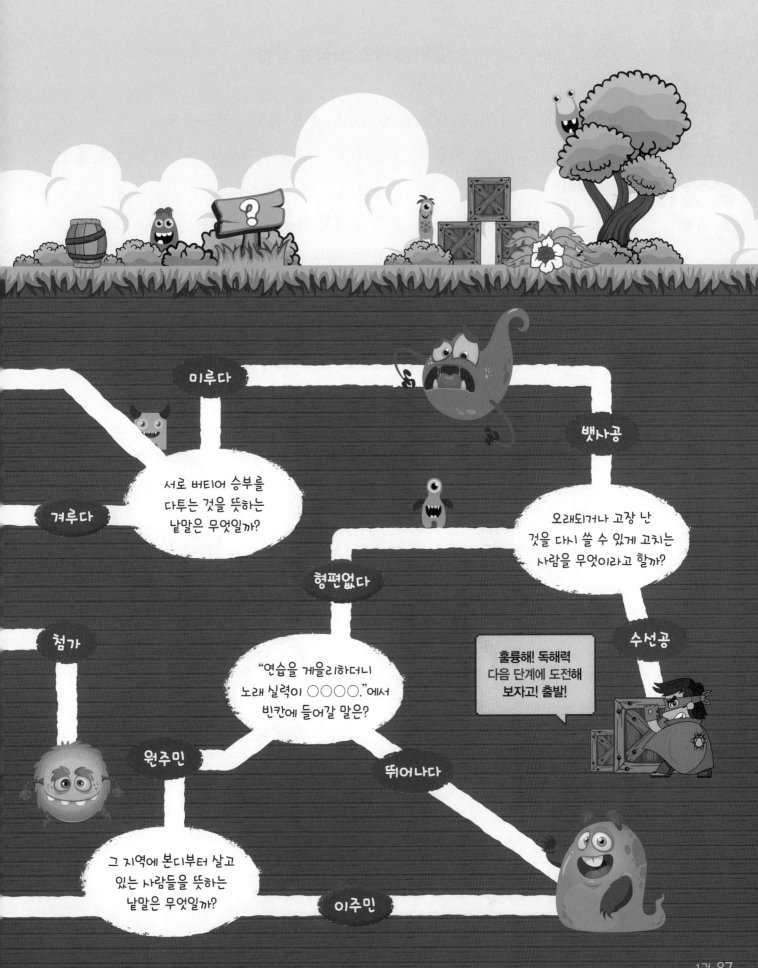

미루다

뱃사공

겨루다

서로 버티어 승부를
다투는 것을 뜻하는
낱말은 무엇일까?

오래되거나 고장 난
것을 다시 쓸 수 있게 고치는
사람을 무엇이라고 할까?

형편없다

첨가

"연습을 게을리하더니
노래 실력이 ○○○○."에서
빈칸에 들어갈 말은?

훌륭해! 독해력
다음 단계에 도전해
보자고! 출발!

수선공

원주민

뛰어나다

그 지역에 본디부터 살고
있는 사람들을 뜻하는
낱말은 무엇일까?

이주민

올바른 마스크 *착용 방법

1 마스크를 쓰기 전, 흐르는 물에 비누로 손을 깨끗이 씻으세요.

2 마스크로 입과 코, 턱을 완전히 가리고, 얼굴과 마스크 사이에 틈이 없게 하세요.

3 마스크 안에 수건이나 휴지 등을 넣어서 착용하지 마세요.

4 마스크를 쓰고 있는 동안에는 마스크 겉면을 손으로 만지지 마세요. 손으로 마스크를 만졌다면 흐르는 물에 비누로 ⌐ ㉠ ¬을 깨끗이 씻으세요.

5 마스크를 벗을 때는 끈만 ㉡잡고 벗으세요.

6 한 번 사용한 마스크는 다시 사용하지 마세요. 먼지나 세균에 *오염됐을 수도 있으니 다시 사용하지 않는 게 좋아요.

▲ 마스크를 펼친 뒤 양쪽 끈을 잡아요.   ▲ 코와 입, 턱을 완전히 가려요.   ▲ 끈을 귀에 걸어 위치를 고정해요.

▲ 양 손가락으로 코 부분을 눌러 콧등에 *밀착시켜요.   ▲ 바람을 불어 공기가 새지 않는지 확인해요.

* 착용: 옷이나 신발, 모자, 액세서리 등을 입거나 신거나 쓰거나 차거나 함.
* 오염됐을: 더럽게 물들었을.
* 밀착시켜: 빈틈없이 달라붙게 해.

1 주제

이 글에 가장 많이 나오는 낱말은 무엇인가요? (   )

① 손   ② 물
③ 끈   ④ 얼굴
⑤ 마스크

2 내용 이해

마스크를 쓰기 전 해야 하는 일로 알맞은 것의 기호를 쓰세요.

> ㉮ 마스크 끈 길이를 조절한다.
>
> ㉯ 흐르는 물에 비누로 손을 씻는다.
>
> ㉰ 얼굴과 마스크 사이에 틈이 없게 한다.

(   )

3 추론

㉠에 들어갈 말로 알맞은 것은 무엇인가요? (   )

① 눈   ② 코
③ 턱   ④ 손
⑤ 입

4 어휘·표현

다음 밑줄 친 말이 ㉡에 쓰인 '잡다'와 같은 뜻으로 쓰인 것에 ○표 하세요.

(1) 막 떠나려는 버스를 <u>잡아서</u> 탔다.   (   )

(2) 동생 손을 꼭 <u>잡고</u> 횡단보도를 건넜다.   (   )

☆ (1)과 (2) 중에서 '손으로 쥐고 놓지 않다.'라는 뜻으로 쓰인 것을 찾아봐.

5 마스크를 쓰는 방법으로 알맞은 것은 무엇인가요? (   )

내용 이해

① 마스크로 입만 가린다.

② 마스크 안에 수건이나 휴지를 넣는다.

③ 마스크를 벗을 때는 끈만 잡고 벗는다.

④ 한 번 사용한 마스크는 다시 사용한다.

⑤ 마스크를 쓰고 있을 때 마스크 겉면을 만져 준다.

6 이 안내문에 대한 생각을 바르게 말한 친구는 누구인지 쓰세요.

비판

> 다성: 글 **3**에 마스크 안에 수건이나 휴지를 넣으면 안 좋은 점을 넣어서 설명했
> 으면 더 좋았을 것 같아.
>
> 효주: 글 **6**에 한 번 사용한 마스크를 다시 사용하면 안 되는 까닭을 넣어서 설명
> 했으면 더 좋았을 것 같아.

(   )

7 다음 여자아이에게 해 줄 말로 알맞은 것에 ○표 하세요.

적용·창의

(1) 마스크를 턱 밑으로 내리면 안 돼요.   (   )

(2) 마스크 끈을 귀에 걸어 위치를 고정해야 해요.

(   )

(3) 마스크를 쓰고 있는 동안에는 마스크 겉면을 만지면

안 돼요.   (   )

☆ 마스크를 쓴 여자아이가 잘못한 점이 무엇인지 생각해 봐.

내용 정리

⭐ 빈칸에 알맞은 말을 넣어 오늘 읽은 글의 내용을 정리해 보세요.

> 마스크를 쓰기 전에는 ❶(   )을 깨끗이 씻는다. 마스크는 입과 ❷(   ), 턱을 완전히 가리고, 끈을 귀에 걸어 위치를 고정한다. 그리고 양 손가락으로 코 부분을 눌러 콧등에 밀착시킨다. 마스크를 쓴 뒤에는 마스크 겉면을 손으로 만지지 않고, 마스크를 벗을 때에는 ❸(   )만 잡고 벗는다. 한 번 사용한 마스크는 다시 사용하지 않는다.

어휘 정리

1 빈칸에 알맞은 낱말을 ○보기○에서 찾아 쓰세요.

> ○보기○   착용   밀착   오염

(1) 쓰레기 때문에 바다가 심하게 (   )되었다.

(2) 나는 버스를 타자마자 안전띠를 (   )했다.

(3) 방이 좁아서 여러 사람이 (   )하여 앉았다.

2 빈칸에 들어갈 관용어로 알맞은 것에 ○표 하세요.

> 엄마는 청소를 하시다가 피곤하셨는지 잠시 [   ] 쉬고 계셨다.

(1) 손을 놓고 → 하던 일을 그만두거나 잠시 멈춘다는 뜻.   (   )

(2) 손을 맞잡고 → 서로 뜻을 같이 하여 긴밀하게 협력한다는 뜻.   (   )

사방치기

1 사방치기는 옛날부터 내려오는 전통 놀이이다. 놀이 방법이 어렵지 않고 시간도 오래 걸리지 않아서 아이들이 ㉠즐겨 했다. *납작한 돌과 평평한 땅만 있으면 어디서든 할 수 있는 놀이이다. 또 혼자서도 할 수 있고, 여러 명이 함께 할 수도 있다.

2 사방치기는 다음과 같은 방법으로 한다.

> ❶ 땅에 놀이판을 그리고, 가위바위보로 놀이 순서를 정한다.
>
> ❷ 1번 칸에 돌을 던진 뒤, 2번 칸부터 8번 칸까지 순서대로 한 발 또는 양발로 간다. 이때 4번 칸과 5번 칸, 7번 칸과 8번 칸은 양발로 두 칸을 동시에 밟아야 한다. 8번 칸까지 간 다음에는 그 자리에서 뛰어 뒤로 돈다. 출발선
>
>
>
> ▲ 사방치기 놀이판
>
> 으로 되돌아오는 길에 던져 놓은 돌을 주워 온다. 갈 때나 되돌아올 때 돌이 있는 칸은 밟을 수가 없다.
>
> ❸ 다시 ❷와 같은 방법으로 2번 칸부터 8번 칸까지 차례대로 돌을 던지고 되돌아오는 길에 돌을 주워 온다.
>
> ❹ 8번 칸까지 끝나면 그 자리에서 뒤로 돌아 머리 위로 '하늘'이라고 쓰여 있는 칸에 돌을 던진다. *가랑이 사이로 손을 넣어 돌을 주워 되돌아오면 놀이에서 이긴다.
>
> ❺ 돌이 선에 닿거나 선 밖으로 나가거나 발이 선에 닿으면 상대편으로 놀이 순서가 넘어간다.

* 납작한: 판판하고 얇으면서 좀 넓은.
* 가랑이: 바지 따위에서 다리가 들어가도록 된 부분.

1

주제

이 글의 중심 낱말은 무엇인지 쓰세요.

2

어휘·표현

㉠'즐겨 했다'의 뜻으로 알맞은 것에 ○표 하세요.

멀리했다   자주 했다   매일 했다

3

내용 이해

사방치기에 대한 설명으로 알맞은 것은 무엇인가요? (   )

① 놀이 방법이 어렵다.   ② 시간이 오래 걸린다.

③ 혼자서도 할 수 있다.   ④ 필요한 준비물이 많다.

⑤ 최근에 만들어진 놀이이다.

☆ 글 **1**에 설명된 사방치기의 특징에 대해 정리해 봐.

4

짜임

글 **2**를 읽고 알 수 있는 내용은 무엇인가요? (   )

① 사방치기를 하는 방법

② 사방치기 놀이의 종류

③ 사방치기 놀이판의 크기

④ 사방치기를 하면 좋은 점

⑤ 사방치기를 하게 된 까닭

5

추론

돌을 2번 칸에 던졌을 때, 양발로 동시에 밟아야 하는 칸끼리 짝 지어진 것을 두 가지 고르세요. (   )

① 1번 칸, 2번 칸

② 2번 칸, 3번 칸

③ 4번 칸, 5번 칸

④ 5번 칸, 6번 칸

⑤ 7번 칸, 8번 칸

☆ 돌을 2번 칸에 던졌을 때 양발로 동시에 밟을 수 있는 칸은 1번 칸에 돌을 던졌을 때와 같아.

6

내용 이해

사방치기를 하는 순서에 맞게 기호를 쓰세요.

⑦ 땅에 놀이판을 그린다.

⑭ '하늘' 칸에 돌을 던지고 되돌아오면서 돌을 주워 온다.

⑭ 2번 칸부터 8번 칸까지 돌을 던지고 되돌아오면서 돌을 주워 온다.

⑭ 1번 칸에 돌을 던지고, 2번 칸부터 8번 칸까지 갔다가 되돌아오면서 돌을 주워 온다.

(   ) → (   ) → (   ) → (   )

7

적용·창의

이 글을 읽고 사방치기 놀이를 바르게 한 친구를 찾아 ○표 하세요.

(1)

(   )

(2)

(   )

(3)

(   )

내용 정리

★ 빈칸에 알맞은 말을 쓰거나 ○표를 하여 오늘 읽은 글의 내용을 정리해 보세요.

❶(   )는 아이들이 즐겨 했던 전통 놀이이다. 먼저 땅에 놀이판을 그린다. 1번 칸부터 8번 칸까지 ❷(   )을 던진 뒤, 8번 칸까지 갔다가 출발선으로 되돌아오는 길에 돌을 주워 온다. 8번 칸까지 끝나면 ❸'(땅, 하늘)'이라고 쓰여 있는 칸에 돌을 던지고 되돌아오는 길에 돌을 주워 오면 이긴다.

어휘 정리

1 다음 문장에 알맞은 낱말을 (   ) 안에서 골라 ○표 하세요.

(1) 아빠는 제기를 (양말, 양발)로 번갈아 가며 차셨다.

(2) 부침개와 피자는 모양이 둥글고 (납작하다, 뾰족하다).

(3) 약이 상처에 (낳을, 닿을) 때마다 따가워서 얼굴을 찡그렸다.

2 밑줄 친 관용어의 뜻으로 알맞은 것에 ○표 하세요.

이번 축구 결승전은 막상막하라서 끝날 때까지 <u>손에 땀을 쥐게</u> 하였다.

(1) 안심이 되어 마음을 편안하게 놓다.   (   )

(2) 아슬아슬하여 마음이 몹시 조마조마하다.   (   )

여름잠을 자는 동물

곰이나 개구리, 뱀과 같은 동물은 겨울잠을 자면서 추운 겨울을 ㉠납니다. 반대로 여름잠을 자면서 더운 여름을 나는 동물도 있습니다. 여름잠을 자는 동물에는 누가 있을까요?

여름잠을 자는 *대표적인 동물로는 달팽이가 있습니다. 달팽이는 (㉡)에 약합니다. 그래서 더운 여름이 오면 몸이 마르지 않도록 껍데기 입구를 끈끈한 하얀 막으로 막아 버리고 *축축한 땅속 틈에서 잠을 잡니다. 그러다가 비가 오거나 *서늘해지면 활동을 합니다.

▲ 달팽이

까나리도 여름잠을 잡니다. 까나리는 요리에 많이 쓰이는 액젓의 재료로도 널리 알려진 물고기입니다. 까나리는 5월이나 6월이 되면 바다의 모랫바닥을 파고 들어가 얼굴만 살짝 내놓고 4~5개월 동안 긴 잠을 잡니다.

▲ 까나리

여름잠을 자는 동물에는 무당벌레도 있습니다. 무당벌레는 여름에 *체온이 올라가는 것을 막기 위해 풀뿌리에 숨어서 잠을 잡니다.

▲ 무당벌레

＊대표적인: 어떤 집단이나 분야를 대표할 만큼 가장 두드러지거나 뛰어난.
＊축축한: 물기가 있어 젖은 듯한.
＊서늘해지면: 물체의 온도나 기온이 꽤 찬 느낌이 있게 되면.
＊체온: 몸의 온도.

1

이 글에서 가장 중요한 낱말을 두 가지 고르세요. (   )

① 겨울   ② 동물

③ 체온   ④ 요리

⑤ 여름잠

2

글쓴이가 이 글을 쓴 까닭을 알맞게 말한 친구에 ○표 하세요.

(1) 여름잠의 뜻을 설명하기 위해서야.   (   )

(2) 동물이 적을 피하는 방법을 설명하기 위해서야.   (   )

(3) 여름잠을 자는 동물에는 누가 있는지 설명하기 위해서야.   (   )

☆ 무엇을 설명하기 위해 쓴 글인지 살펴봐.

3

㉠'납니다'와 바꾸어 쓸 수 있는 말은 무엇인가요? (   )

① 보냅니다   ② 나타납니다

③ 맞이합니다   ④ 태어납니다

⑤ 날아다닙니다

4

글의 내용으로 보아, ㉡에 들어갈 말로 알맞은 것에 ○표 하세요.

비	햇볕	그늘

☆ 더운 여름이 오면 껍데기 입구를 막아 버린다는 내용을 통해 달팽이가 무엇에 약한지 짐작할 수 있어.

5 내용 이해

무당벌레는 어디에서 여름잠을 자는지 글에서 찾아 쓰세요.

6 내용 이해

다음은 어떤 동물의 특징을 정리한 것인가요? (   )

- 비가 오면 활동을 한다.
- 축축한 땅속 틈에서 여름잠을 잔다.
- 더운 여름이면 껍데기 입구를 하얀 막으로 막아 버리고 잔다.

① 곰   ② 뱀
③ 달팽이   ④ 개구리
⑤ 무당벌레

7 적용·창의

이 글의 내용으로 보아, 까나리가 여름잠을 자는 모습으로 알맞은 것에 ○표 하세요.

(1)   (2)   (3)

(   )   (   )   (   )

☆ 글에서 까나리는 어디에서 어떻게 잠을 잔다고 했는지 찾아봐.

📝 내용 정리

★ 빈칸에 알맞은 말을 넣어 오늘 읽은 글의 내용을 정리해 보세요.

❶( )을 자는 동물

달팽이	❷( )	무당벌레
여름이 오면 몸이 마르지 않도록 껍데기 입구를 하얀 막으로 막고 축축한 땅속 틈에서 잠을 잔다.	5월이나 6월이 되면 바다의 모랫바닥을 파고 들어가 얼굴만 내놓고 잠을 잔다.	여름에 ❸( )이 올라가는 것을 막기 위해 풀뿌리에 숨어서 잠을 잔다.

🔍 어휘 정리

1 다음 문장에 알맞은 낱말을 ( ) 안에서 골라 ○표 하세요.

(1) 비를 맞아서 머리가 (축축해졌다, 촘촘해졌다).

(2) 겨울에 아이들이 잘 걸리는 (감동적, 대표적)인 병은 감기이다.

2 밑줄 친 관용어의 뜻으로 알맞은 것에 ○표 하세요.

> 삼촌은 추석 때 잠깐 <u>얼굴만 내밀고</u> 가셨다.

(1) 어떠한 모임에 모습을 드러내다. ( )

(2) 부끄러움이나 거리낌이 없이 뻔뻔하다. ( )

볼펜을 발명한 비로 형제

1 글씨를 쓸 때 편리한 도구인 볼펜은 언제 어떻게 만들어지게 됐을까요? 볼펜이 발명되기 전까지는 만년필로 글을 썼어요. 그런데 만년필은 불편한 점이 많았어요. 글을 쓰는 *도중에 만년필의 잉크가 쉽게 ㉠마르거나, 손에 잉크가 묻어 종이가 얼룩지기도 했어요. 또 만년필의 끝부분이 날카로워 글을 쓸 때 종이가 자꾸 찢어졌어요. 신문 기자이면서 발명가인 라슬로 비로는 만년필의 불편한 점을 해결할 필기도구를 만들기로 결심했어요.

▲ 만년필

2 라슬로는 동생 게오르그와 함께 새로운 필기도구를 발명하기 위해 여러 가지 시도를 했어요. 라슬로는 잉크가 *굳지 않게 하고 글을 쓸 때 종이가 찢어지지 않게 하려고 잉크를 긴 관에 넣고 그 끝에 ⓛ 쇠구슬을 끼운 필기도구를 만들었어요. 그런데 잉크가 물처럼 흘러내려 글을 제대로 쓸 수가 없었어요. 과학자였던 게오르그는 흐르지 않는 끈적끈적한 잉크를 개발하여 이 문제를 해결했어요. 1938년, 비로 형제는 몇 번의 실패 끝에 볼펜을 발명하는 데 성공했어요.

▲ 볼펜

3 비로 형제가 발명한 볼펜은 1943년 아르헨티나에서 *특허를 받고 상품으로 만들어져 나왔어요. 볼펜은 나오자마자 사람들에게 큰 인기를 얻었어요. 그 후 프랑스의 한 문구 회사가 값이 싼 볼펜을 *대량으로 만들면서 전 세계로 볼펜이 퍼지게 되었어요.

---

*도중에: 일이 계속되고 있는 과정이나 일의 중간에.
*굳지: 무른 물질이 단단하게 되지.
*특허: 새로운 것을 발명한 사람에게 나라에서 그 기술을 혼자서 다 가질 수 있는 권리를 주는 것.
*대량: 아주 많은 양.

1 주제

이 글을 대표하는 낱말은 무엇인가요? (   )

① 종이   ② 잉크
③ 볼펜   ④ 만년필
⑤ 필기도구

☆ 무엇을 설명하는 글인지 살펴봐.

2 내용 이해

만년필의 불편한 점으로 알맞지 <u>않은</u> 것은 무엇인가요? (   )

① 손에 잉크가 묻는다.
② 종이가 얼룩지는 때가 많다.
③ 튼튼하지 못하여 금방 망가진다.
④ 글을 쓰는 도중에 잉크가 마른다.
⑤ 글을 쓸 때 종이가 자주 찢어진다.

3 어휘·표현

다음 밑줄 친 말이 ㉠에 쓰인 '마르다'와 같은 뜻으로 쓰인 것에 ○표 하세요.

(1) 날씨가 좋아서 빨래가 잘 <u>마른다</u>.   (   )
(2) 공부를 하느라 몸이 많이 <u>말랐다</u>.   (   )

☆ ㉠은 '물기가 다 날아가서 없어지다.'라는 뜻이야.

4 추론

㉡에 들어갈 말로 알맞은 것의 기호를 쓰세요.

| ㉮ 크고 뾰족한 | ㉯ 작고 동그란 |

(   )

5 짜임 다음은 글 **1**~**3** 중 어느 부분의 주요 내용을 정리한 것인지 글의 번호를 쓰세요.

> 비로 형제는 새로운 필기도구를 발명하기 위해 여러 번의 시도 끝에 볼펜을 발명하는 데 성공하였다.

(   )

6 내용 이해 이 글을 읽고 볼펜에 대해 알게 된 사실로 알맞은 것에 모두 ○표 하세요.

(1) 볼펜은 프랑스의 한 문구 회사에서 발명되었다. (   )
(2) 만년필의 불편한 점을 해결하기 위해 볼펜이 발명되었다. (   )
(3) 라슬로가 발명한 볼펜은 쇠구슬이 끼워져 있어 종이가 찢어지지 않았다. (   )

7 비판 이 글을 읽고 비로 형제에 대해 말한 내용이 알맞지 <u>않은</u> 친구는 누구인지 쓰세요.

실패를
두려워하지 않는
모습을 본받아야 해.

채원

서로에게 힘이 되어
주는 형제의 모습이
참 인상적이야.

한슬

볼펜을 많이 팔아
돈을 벌려고만 하는 것
같아 안타까워.

민재

(   )

☆ 비로 형제가 어떤 생각으로 새로운 필기도구를 만들려고 했는지 생각해 봐.

📝 내용 정리

★ 빈칸에 알맞은 말을 넣어 오늘 읽은 글의 내용을 정리해 보세요.

> 라슬로 비로는 동생 게오르그와 함께 ❶(   )로 글을 쓸 때의 불편한 점
> 을 해결할 필기도구를 만들기 위해 여러 가지 시도를 하였다. 그 결과, 글을 쓸 때 종이
> 가 찢어지지 않고 ❷(   )가 흘러내리지 않는 ❸(   )을 발명하였다. 비로
> 형제가 만든 볼펜은 상품으로 나오자마자 큰 인기를 얻었다.

🔍 어휘 정리

1 빈칸에 알맞은 낱말을 ○보기○에서 찾아 쓰세요.

> ○보기○   시도   대량   도중

(1) 내가 말하고 있는 (   )에 동생이 끼어들어 말했다.

(2) 이모는 여러 번의 (   ) 끝에 원하는 회사에 들어갔다.

(3) 선생님께서는 반 아이들 모두에게 나눠 주기 위해 지우개를 (   )으로 사셨다.

2 다음은 형 라슬로가 동생 게오르그에게 했을 말을 상상한 것입니다. 빈칸에 들어갈 관용어로 알맞은 것에 ○표 하세요.

> "어떻게 하면 글씨를 쓸 때 잉크가 흘러내리지 않게 할 수 있는지 네가 좀 ▓▓▓▓
> 봐."

(1) 머리를 굴려 → 머리를 써서 해결 방안을 생각해 내다는 뜻.   (   )

(2) 머리를 식혀 → 흥분되거나 긴장된 마음을 가라앉히다는 뜻.   (   )

토끼가 왜 자기 똥을 먹을까요?

❶ 동물은 ◯◯◯◯◯ 에 따라 초식 동물과 육식 동물로 나눌 수 있어요. 초식 동물은 풀이나 나뭇잎과 같은 식물을 먹고 사는 동물을 말하고, 육식 동물은 다른 동물을 잡아먹고 사는 동물을 말해요. 초식 동물 중에서 대표적인 예로는 토끼가 있어요. 그런데 토끼는 풀이나 나뭇잎과 같은 식물뿐만 아니라 자기가 싼 똥도 먹는다는 사실을 알고 있나요?

❷ 토끼는 태어나자마자 약 50일 동안 엄마 젖을 먹고 살아요. 그러다가 어느 정도 자라면 풀이나 나뭇잎과 같은 먹이를 먹어요. 토끼는 장이 튼튼하지 못해서 풀이나 나뭇잎에 들어 있는 *영양분을 한 번에 모두 ⓛ흡수하지 못해요. 그러다 보니 풀과 같은 먹이만 먹고서는 영양분이 부족할 수밖에 없어요.

❸ 토끼는 부족한 영양분을 스스로 *보충하기 위해서 자신의 똥을 먹어요. 토끼는 단단하고 동글동글한 형태의 똥과 부드럽고 *묽은 형태의 똥을 싸요. 토끼가 이른 새벽에 싼 묽은 똥에는 토끼에게 필요한 영양분이 들어 있어요. 그래서 토끼는 낮에 싼 단단하고 동글동글한 똥은 먹지 않고 묽은 똥만 먹어요. 만약 토끼가 자기가 싼 똥을 먹지 못한다면 영양 부족으로 아프거나 죽을 수도 있어요. ⓒ토끼는 크게 집토끼와 산토끼로 나눌 수 있어요.

▲ 단단한 토끼 똥

▲ 부드러운 토끼 똥

*영양분: 영양이 되는 성분.
*보충하기: 부족한 것을 보태어 채우기.
*묽은: 죽이나 반죽 등이 보통 정도에 비하여 물기가 많은.

1 주제

이 글에서 중요한 낱말을 한 가지 더 찾아 쓰세요.

토끼, ☐

2 추론

㉠에 들어갈 말로 알맞은 것에 ○표 하세요.

냄새   크기   먹이

☆ 초식 동물과 육식 동물은 무엇에 따라 동물을 나눈 것인지 생각해 봐.

3 내용 이해

토끼에 대한 설명으로 알맞지 <u>않은</u> 것을 두 가지 고르세요. (   )

① 초식 동물이다.
② 육식 동물이다.
③ 장이 튼튼하지 못하다.
④ 부드럽고 묽은 형태의 똥만 싼다.
⑤ 풀이나 나뭇잎과 같은 식물을 먹고 산다.

4 어휘·표현

㉡'흡수하지'와 바꾸어 쓸 수 있는 말은 무엇인가요? (   )

① 바꾸지   ② 만들지
③ 나누지   ④ 내보내지
⑤ 빨아들이지

5

이 글에 쓰인 ㉢에 대해 바르게 판단한 친구에 ○표 하세요.

(1) ㉢은 글 **3**의 내용을 더 잘 이해할 수 있도록 도와줘.

( )

(2) ㉢은 글 **3**의 내용과 어울리지 않는 내용이므로 빼야 해.

( )

☆ ㉢이 글 **3**에 필요한 내용인지 생각해 봐.

6

다음 글 **3**의 내용 정리 중, 가장 중요한 내용은 무엇인가요? ( )

① 토끼는 두 가지 형태로 똥을 싼다.
② 토끼가 똥을 먹지 못하면 죽을 수도 있다.
③ 토끼가 싼 묽은 똥에는 영양분이 들어 있다.
④ 토끼는 단단하고 동글동글한 똥은 먹지 않는다.
⑤ 토끼는 영양분을 보충하기 위해 자기 똥을 먹는다.

7 적용·창의

이 글에서 소개한 토끼와 다음에서 소개한 쇠똥구리, 새끼 코알라의 공통점은 무엇인지 빈칸에 알맞은 말을 쓰세요.

> 똥을 둥글게 빚어 굴리며 가는 쇠똥구리는 필요한 영양분을 얻기 위해 초식 동물이 싼 똥을 먹고 살아요. 또 새끼 코알라는 어미 코알라가 싼 똥을 먹어요. 새끼 코알라는 아직 어려서 독성이 있는 유칼립투스 나뭇잎을 소화시킬 수 있는 세균이 몸속에 없어요. 어미 코알라 똥 속에는 그 세균과 영양분이 가득 들어 있어서 엄마 똥을 먹는 거예요.

을 얻기 위해서 똥을 먹는다.

📖 내용 정리

⭐ 빈칸에 알맞은 말을 쓰거나 ○표를 하여 오늘 읽은 글의 내용을 정리해 보세요.

> ❶(육식, 초식) 동물인 토끼는 ❷(   )이 튼튼하지 못해서 풀이나 나뭇잎에 들어 있는 영양분을 한 번에 모두 흡수하지 못한다. 그래서 토끼는 자신에게 필요한 영양분이 들어 있는 이른 새벽에 싼 ❸(묽은, 단단한) 똥을 먹어 부족한 영양분을 스스로 보충한다.

🔍 어휘 정리

1 다음 문장에 알맞은 낱말을 (   ) 안에서 골라 ○표 하세요.

(1) 호박죽이 (붉어서, 묽어서) 먹기 편하다.

(2) 부족한 잠을 (보충하려고, 보살피려고) 일찍 잠들었다.

(3) 이 화장품은 피부에 잘 (배출되어, 흡수되어) 인기가 많다.

2 밑줄 친 관용어의 뜻으로 알맞은 것에 ○표 하세요.

> 우리 엄마는 <u>낮이나 밤이나</u> 자식 걱정을 하신다.

(1) 언제나 늘. (   )   (2) 어쩌다가 한 번씩. (   )

지구의 남쪽 끝과 북쪽 끝

1 『남극은 지구의 남쪽 끝에 있는 *거대한 땅이에요. 그 크기가 우리나라 땅을 60개 정도 합친 것만큼 크답니다. 남극은 일 년 내내 얼음덩어리가 *뒤덮고 있어요. 남극의 얼음은 오랜 시간에 걸쳐 쌓인 눈이 단단하게 굳어져 생긴 것이라 두께가 ㉠두껍고 높이가 높아요.』

남극은 지구에서 날씨가 가장 추운 곳이기 때문에 사람이 살지 않아요. 남극을 연구하러 전 세계에서 모인 사람들만 잠시 *머물다가 가지요. 그래서 남극은 땅의 주인도 없어요. 동물도 펭귄 정도만 살고 있어요.

2 북극은 지구의 북쪽 끝에 있는 커다란 바다예요. 북극도 남극처럼 일 년 내내 얼음으로 덮여 있어요. 북극의 얼음은 남극처럼 눈이 쌓여서 생긴 것이 아니고 바닷물이 얼어서 생긴 것이라 얼음의 두께가 남극처럼 두껍지가 않아요.

북극은 육지가 아니라 바다이기 때문에 남극보다 조금 따뜻해서 사람이 살 수 있어요. 북극의 그린란드나 알래스카 지역에는 이누이트라고 불리는 원주민이 주로 동물을 사냥하며 살아가고 있어요. 북극은 남극보다 많은 종류의 동물이 살고 있어요. 북극에 가면 북극곰이나 북극여우, 순록과 같은 ㉡ 종류의 동물을 만나 볼 수 있답니다.

▲ 이누이트

* 거대한: 엄청나게 큰.
* 뒤덮고: 빈 데가 없이 온통 덮고.
* 머물다가: 어떤 곳에서 잠깐 묵거나 살다가.

1

주제

이 글을 대표하는 낱말을 두 가지 고르세요. (   )

① 남극   ② 얼음

③ 북극   ④ 날씨

⑤ 바다

☆ 무엇에 대해 알려 주는 글인지 살펴봐.

2

짜임

『　』부분의 주요 내용을 정리하여 빈칸에 알맞은 말을 쓰세요.

남극은 지구의 남쪽 끝에 있는 거대한 ☐ 으로, 일 년 내내 두꺼운 ☐☐☐☐☐ 가 뒤덮고 있다.

3

어휘·표현

㉠'두껍고'와 뜻이 반대인 말은 무엇인가요? (   )

① 짧고   ② 얇고

③ 낮고   ④ 가볍고

⑤ 단단하고

4

내용 이해

남극에 사람이 살지 않는 까닭은 무엇인가요? (   )

① 땅이 너무 크기 때문에

② 날씨가 너무 춥기 때문에

③ 얼음이 녹아 가고 있기 때문에

④ 동물이 많이 살고 있지 않기 때문에

⑤ 지구의 남쪽 끝에 있어 너무 멀기 때문에

5 내용 이해 **북극에 대한 설명으로 알맞은 것에 ○표 하세요.**

(1) 북극은 남극보다 따뜻하다. ( )

(2) 북극에는 사람이 살지 않는다. ( )

(3) 북극은 지구의 북쪽 끝에 있는 큰 땅이다. ( )

☆ 글 **2**의 내용과 맞는 것을 골라 봐.

6 추론 **ⓛ에 들어갈 말로 알맞은 것에 ○표 하세요.**

작은   다양한   똑같은

7 적용·창의 **이 글을 읽고 친구에게 남극에 대해 설명할 때 보여 주면 좋을 사진에 ○표 하세요.**

(1)

( )

(2)
( )

☆ 북극과 남극에 어떤 동물이 산다고 했는지 떠올려 봐.

📑 내용 정리

⭐ 빈칸에 알맞은 말을 쓰거나 ○표를 하여 오늘 읽은 글의 내용을 정리해 보세요.

❶( )	• 지구의 남쪽 끝에 있는 거대한 땅이다. • 일 년 내내 얼음덩어리가 뒤덮고 있어 지구에서 날씨가 가장 추워 사람이 살지 않는다. • 펭귄이 살고 있다.
북극	• 지구의 북쪽 끝에 있는 커다란 ❷( )이다. • 일 년 내내 얼음으로 덮여 있지만 남극보다 ❸(따뜻해서, 시원해서) 사람이 살 수 있어 이누이트족이 사냥하며 살고 있다. • 북극곰, 북극여우, 순록 등이 살고 있다.

🔍 어휘 정리

1 다음 문장에 알맞은 낱말을 ( ) 안에서 골라 ○표 하세요.

⑴ 어제 찰흙으로 만든 그릇이 잘 (굳었다, 굴렀다).

⑵ (거대한, 위대한) 태풍 때문에 마을 전체가 물에 잠겼다.

⑶ 나그네는 허름한 집에 (다물다가, 머물다가) 다시 길을 떠났다.

2 빈칸에 들어갈 관용어로 알맞은 것에 ○표 하세요.

> 갑자기 많이 내린 눈으로 탐험가들은 며칠째 남극에서 ▨▨▨▨▨.

⑴ 발을 뻗고 잤다 → 마음 놓고 편히 자다는 뜻. ( )

⑵ 발이 묶여 있다 → 몸을 움직일 수 없는 처지가 되다는 뜻. ( )

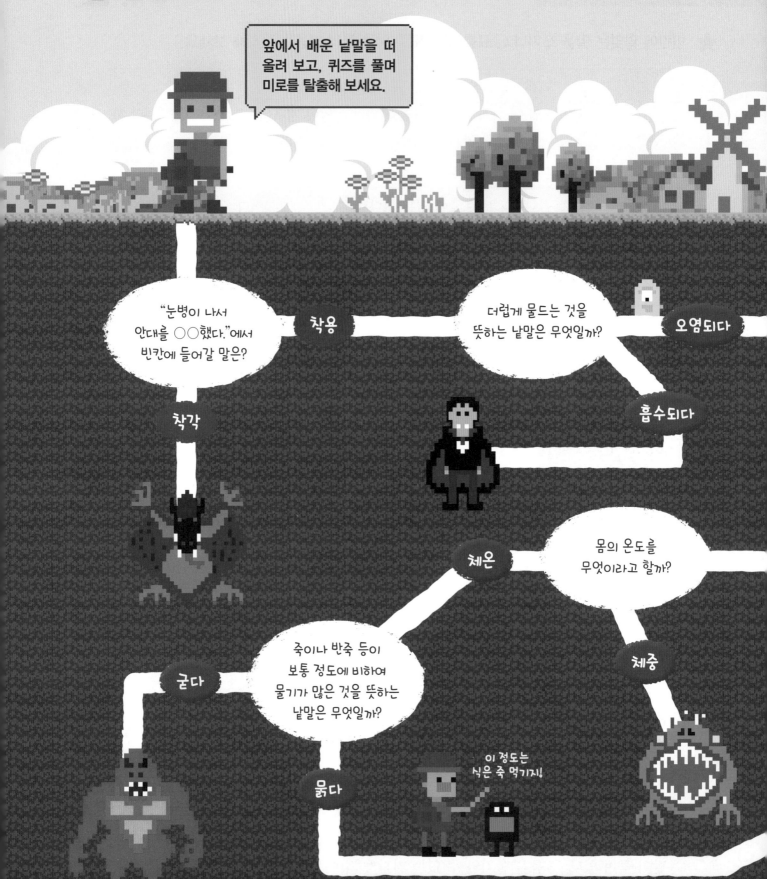

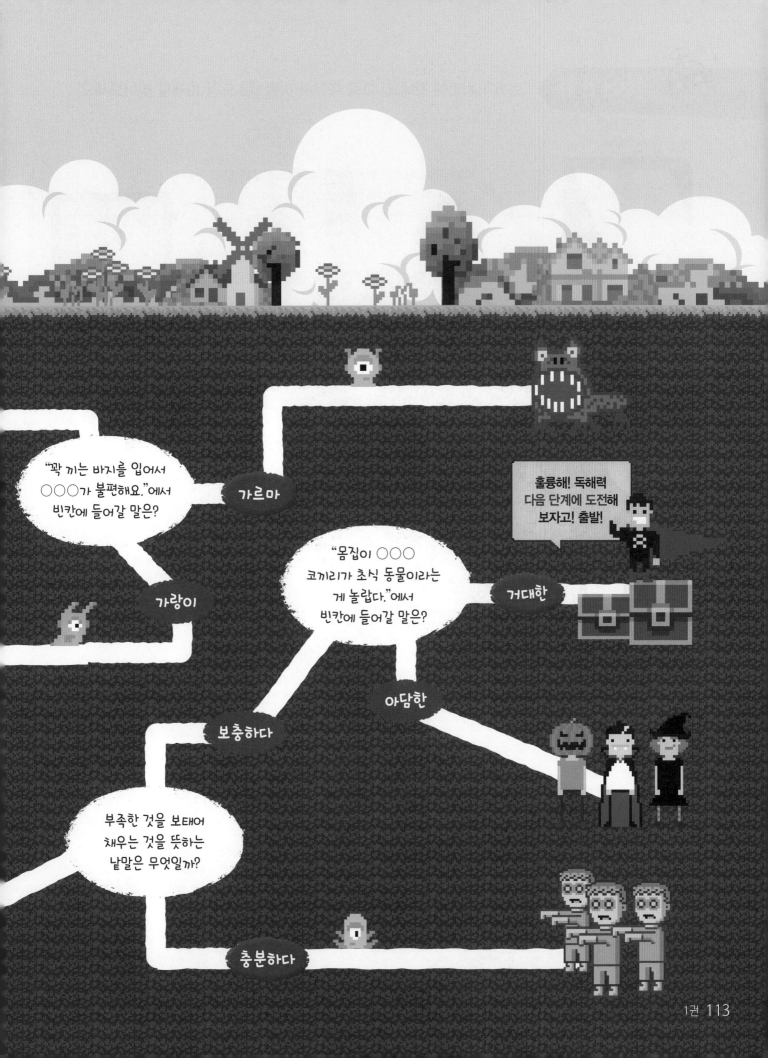

"꽉 끼는 바지를 입어서 ○○○가 불편해요."에서 빈칸에 들어갈 말은?

가르마

가랑이

"몸집이 ○○○ 코끼리가 초식 동물이라는 게 놀랍다."에서 빈칸에 들어갈 말은?

거대한

아담한

훌륭해! 독해력 다음 단계에 도전해 보자고! 출발!

보충하다

부족한 것을 보태어 채우는 것을 뜻하는 낱말은 무엇일까?

충분하다

토끼가 치과에 갔네요! 그림 속에서 이빨 모양 10개를 찾아보세요!

정답 및 해설 16쪽에서 확인하세요.

의견이 담긴 글

의견이 담긴 글에는 주장하는 글, 제안하는 글, 부탁하는 글, 광고 등이 있어요. 읽는 이에게 의견을 전하기 위해 쓴 글이지요. 의견이 담긴 글은 글쓴이의 의견과 그 까닭을 파악하며 읽어야 해요. 그리고 글쓴이의 의견과 자신의 의견을 비교해 보면 더 좋아요.

비법 주제 >> 글쓴이의 생각 파악하기

의견이 담긴 글에는 반드시 글쓴이의 생각이 들어 있어. 글쓴이가 '난 이러이러한 생각을 갖고 있어요.' 하고 **직접 자신의 생각을 글 속에 나타내기도 하고, 제목으로 나타내기도 해.** 그러니까 글을 꼼꼼하게 읽으면 글쓴이의 생각은 쉽게 파악할 수 있을 거야.

예시 문제 글쓴이의 생각은 무엇인가요? (   )

학교 수업이 끝난 뒤 많은 친구들이 학교 근처 문방구나 슈퍼에서 불량 식품을 사 먹는 모습을 볼 수 있습니다. 저는 불량 식품을 먹으면 안 된다고 생각합니다.
<u>글쓴이의 생각</u>

그 까닭은 첫째, 불량 식품을 먹으면 몸에 좋지 않기 때문입니다. 불량 식품에는 몸에 좋지 않은 식품 *첨가물이 들어 있어서 충치나 비만과 같은 병의 원인이 될 수 있습니다.

둘째, 불량 식품을 간식으로 먹게 되면 밥맛이 떨어져 제때 식사를 하지 않게 되기 때문입니다. 식사를 통해 얻을 수 있는 영양소를 제때 *섭취하지 않으면 성장하는 데 방해가 됩니다.

이 글에는 글쓴이의 생각이 직접 나타나 있군.

*첨가물: 식품 등을 만들 때 보태어 넣는 것.
*섭취하지: 영양분 등을 몸속에 받아들이지.

① 제때 식사를 하자.

② 음식을 많이 먹자.

③ 음식을 골고루 먹자.

④ 좋아하는 음식만 먹자.

⑤ 불량 식품을 먹지 말자.

연습 문제 1 글쓴이가 글을 쓴 까닭은 무엇인지 빈칸에 알맞은 말을 쓰세요.

> 여러분 중에 공부가 좋은 친구는 거의 없을 거예요. 그런데 선생님은 여러분들이 공부를 *소홀히 하지 않았으면 해요. 공부를 하면 좋은 점이 많기 때문이에요.
>
> 공부를 하면 지식과 지혜가 쌓이게 돼요. 또 공부를 하고 나면 나도 모르는 사이에 자신감이 생기게 돼요. 가장 중요한 것은 공부를 하면서 자신이 하고 싶은 꿈이 무엇인지 깨달을 수 있어요. 이제부터 공부를 지겹게만 생각하지 말고 열심히 해 보는 건 어떨까요?
>
> * 소홀히: 중요하게 생각하지 않아 주의나 정성이 부족하게.

☐☐를 열심히 하자는 생각을 전하기 위해서

연습 문제 2 글쓴이가 하고 싶은 말은 무엇인지 알맞은 것에 ○표 하세요.

> 교장 선생님께
> 안녕하세요? 저는 1학년 3반 김성재라고 합니다. 교장 선생님께 부탁드리고 싶은 것이 있어서 이렇게 편지를 써요.
> 교장 선생님, 방학 때 학교 도서관 이용 시간을 늘려 주세요. 오후에 학원에 갔다가 학교 도서관에서 책을 빌리고 싶은데 오후 4시에 도서관이 문을 닫아 빌릴 수가 없어요. 그리고 학교 도서관에 가더라도 책을 오래 읽을 수가 없어요. 많이 바쁘시겠지만 제 부탁을 꼭 들어주셨으면 좋겠어요.
> 제 편지를 읽어 주셔서 감사합니다.
> 그럼 안녕히 계세요, 교장 선생님.
>
> 20○○년 ○○월 ○○일
> 1학년 3반 김성재 올림

(1) 학교 도서관에 있는 책의 수를 늘려 주세요.   (   )

(2) 방학 때 학교 도서관 이용 시간을 늘려 주세요.   (   )

비법 2 내용 이해 >> 글의 내용 파악하기

글쓴이가 자신의 생각을 전하기 위해 어떤 내용으로 글을 썼는지 잘 살펴봐. 그리고 문제 보기의 내용과 글의 내용이 같으면 ○표, 다르면 ×표를 해 봐. <u>모든 답은 글 속에 있어!</u>

예시 문제 다음 글의 내용으로 알맞지 <u>않은</u> 것은 무엇인가요? (　　　　)

사람의 몸은 70퍼센트 이상이 물로 이루어져 있다고 합니다. 그만큼 우리 몸은 많은 물을 필요로 합니다. 물을 많이 마시면 건강에 어떤 점이 좋을까요?

첫째, 물을 많이 마시면 우리 몸에 있는 나쁜 물질을 밖으로 내보낼 수 있습니다. 물을 많이 마시면 소변을 자주 보게 되는데, 이때 우리에게 필요하지 않은 물질을 소변으로 내보냅니다.

둘째, 물을 많이 마시면 살을 빼는 데 도움이 될 수 있습니다. 식사 전에 물을 마시면 배가 불러 음식을 많이 먹지 못하게 됩니다.

셋째, 물을 많이 마시면 변비를 예방할 수 있습니다. 우리 몸속에 물이 채워지지 않으면 대장에 수분이 모자라서 변비가 잘 생깁니다.

물은 건강과 관계가 깊습니다. 건강을 위해 물을 많이 마시는 습관을 가졌으면 좋겠습니다.

글쓴이가 왜 물을 많이 마셔야 한다고 했는지 정리해 봐.

① 물은 건강과 관계가 깊다.
② 우리 몸은 많은 물을 필요로 한다.
③ 물을 마시면 음식을 많이 먹을 수 있다.
④ 물을 많이 마시면 변비를 예방할 수 있다.
⑤ 물을 많이 마시면 나쁜 물질을 몸 밖으로 내보낼 수 있다.

다음 글의 내용을 정리하여 빈칸에 알맞은 말을 쓰세요.

> 아파트 단지 안이나 사람이 다니는 인도에서 빠른 속도로 자전거를 타는 사람들이 있습니다. 자전거를 탈 때는 안전 속도를 지켜야 합니다.
> 빠른 속도로 자전거를 타면 자전거를 타는 사람과 길을 걸어가는 사람 모두에게 위험합니다. 빠른 속도로 자전거를 타면 갑자기 멈추기도 힘들고, 보행자와 부딪쳐 사고가 날 수 있습니다. 따라서 자전거를 타고 보행자 옆을 지나갈 때는 안전거리를 두고 천천히 가야 합니다.

(1) 자전거를 탈 때는 ☐☐ ☐☐ 를 지켜야 한다.

(2) 자전거를 타고 보행자 옆을 지나갈 때는 ☐☐☐☐ 를 두고 천천히 가야 한다.

다음 글의 내용을 바르게 파악한 것에 ○표 하세요.

> 해마다 안경을 쓰는 어린이들이 늘고 있습니다. 그 원인 중의 하나가 텔레비전을 많이 보기 때문이라고 합니다. 그러므로 텔레비전을 보는 시간을 줄여야 합니다.
>
> 텔레비전을 많이 보면 눈이 나빠지고 밖에서 활동할 시간이 줄어들어 건강에 좋지 않습니다. 또 가족이나 친구들과 대화할 시간도 줄어듭니다. 그리고 공부나 독서 시간이 줄어들어 학습에도 영향을 줍니다.

(1) 텔레비전 보는 시간을 늘려야 한다.   (   )
(2) 텔레비전을 많이 보면 눈이 나빠진다.   (   )
(3) 해마다 안경을 쓰는 어린이들이 줄고 있다.   (   )

비법 비판 >> 글쓴이의 생각 판단하기

글쓴이의 생각이 무조건 옳은 건 아니야. 따라서 글쓴이의 생각이 옳은 것인지 옳지 않은 것인지 생각해 봐야 해. 글을 읽고 **글쓴이가 내세우고 있는 생각이 무엇인지 먼저 파악한 다음, 그 생각이 옳은지, 옳지 않은지 생각하는 거지.** 눈에 힘을 팍 주고 글쓴이의 생각을 한번 판단해 볼까?

예시 문제 글쓴이의 생각을 바르게 판단한 친구에 ○표 하세요.

가끔 거리에 쓰레기가 버려진 것을 볼 수 있습니다. 환경미화원 아저씨께서 매일 거리를 청소하시지만, 사람들이 다시 쓰레기를 버려 거리가 더러워지는 경우가 많습니다.

사람들이 쓰레기를 함부로 버리는 까닭은 거리에 쓰레기통이 별로 없기 때문입니다. 쓰레기를 가지고 다니면 귀찮고 나쁜 냄새가 나기 때문에 아무 데나 버리는 것입니다. <u>거리를 깨끗하게 하려면 거리 곳곳에 쓰레기통을 두어야 합니다.</u> 거

글쓴이의 생각

리 곳곳에 쓰레기통이 있으면 사람들은 아무 데나 쓰레기를 버리지 않고 쓰레기통에 버릴 것입니다.

(1) **병준**: 재활용 쓰레기는 분리배출을 해서 버려야 해. 따라서 글쓴이의 생각이 옳다고 생각해. ( )

(2) **세윤**: 거리 곳곳에 쓰레기통이 있다고 해도 쓰레기를 제때 치우지 않으면 더 지저분해질 수 있어. 따라서 글쓴이의 생각은 옳지 않다고 생각해. ( )

연습 문제 **1** **글쓴이의 생각이 옳은지 바르게 판단한 것에 ○표 하세요.**

> 물건을 쓰고 아무 데나 놓아서 나중에 그 물건을 잘 찾지 못할 때가 있습니다. 물건을 쓴 다음에는 정리를 잘해야 합니다.
> 정리를 잘하면 필요한 물건을 쉽게 찾아 쓸 수 있습니다. 또 정리를 잘하면 주변이 깨끗해져 기분도 좋아집니다.

⑴ 글쓴이의 생각이 옳다. 왜냐하면 정리를 잘하면 물건을 찾느라 시간을 버리는 일이 생기지 않기 때문이다.   (   )

⑵ 글쓴이의 생각이 옳지 않다. 왜냐하면 정리를 잘한다고 해서 물건을 싸게 살 수 있는 것은 아니기 때문이다.   (   )

연습 문제 **2** **글쓴이의 생각에 대해 자신의 생각을 바르게 말한 친구는 누구인지 쓰세요.**

> 얼마 전 부모님과 케이블카를 타고 남산에 올라갔다. 남산 꼭대기에서 바라본 풍경은 정말 멋있었다. 그런데 의자에 지저분하게 낙서가 잔뜩 되어 있는 것이 눈에 띄었다. 모두가 사용하는 시설에 낙서라니……. 갑자기 기분이 나빠졌다. 여러 사람이 이용하는 공공시설을 더럽히면 다른 사람들이 불편을 겪기 때문에 공공시설에 낙서를 하면 안 된다고 생각한다.

> 승아: 공공시설은 무료로 사용하는 곳이 많기 때문에 글쓴이의 생각이 옳지 않다고 생각해.
> 성훈: 자기 것이 아니라고 공공시설을 함부로 사용하면 안 되기 때문에 글쓴이의 생각이 옳다고 생각해.

(   )

'적용'은 알맞게 이용하거나 맞춰 쓴다는 것을 말해. 의견이 담긴 글에서는 글쓴이의 생각을 여러 가지 상황에 적용해 볼 수 있어.

'글쓴이의 생각에 딱 맞는 예는 무엇일까?', '글쓴이라면 이 상황에서 어떤 생각을 했을까?' 또는 '글쓴이의 생각에 맞게 행동한 친구는 누구일까?' 등을 생각해 볼 수 있지.

예시 문제   다음 글에 담긴 글쓴이의 생각에 맞게 이야기한 친구는 누구인가요? (   )

<u>다른 사람과 대화를 나눌 때는 고운 말을 써야 합니다.</u> 그 까닭은 다음과 같습니다.
<small>글쓴이의 생각</small>

첫째, 고운 말을 쓰면 듣는 사람의 기분이 좋아지기 때문입니다. 예를 들어, 내가 친구의 발을 밟았을 때 고운 말로 "미안해. 많이 다치진 않았니?"라고 사과를 하면 친구의 기분이 나쁘지 않습니다. 하지만 "야! 별로 세게 밟지도 않았잖아? 엄살 떨지 말고 저리 꺼져!"라고 거친 말로 말하면 친구의 기분이 나빠집니다.

둘째, 고운 말을 쓰면 친구와 사이좋게 지낼 수 있기 때문입니다. 고운 말로 친구와 이야기하면 친구와 더 친해지고 싶은 마음이 들고 친구와의 사이가 더 좋아집니다.

① 준아: 내가 도와줄까?
② 연경: 너, 살 좀 빼라.
③ 가희: 옷이 그게 뭐니?
④ 시진: 너는 왜 그것밖에 못 하니?
⑤ 재성: 네가 뭔데 나한테 그런 말을 하니?

㉠과 같은 글쓴이의 생각을 바르게 실천한 친구에 ◯표 하세요.

> 『여우와 두루미』라는 이야기를 읽어 본 적이 있나요? 여우와 두루미가 상대방을 생각하지 않고 자신이 먹기 편한 그릇에 음식을 담아서 상대방이 음식을 제대로 먹지 못했다는 내용이에요. 우리는 혼자서는 살아갈 수가 없어요. 가족, 친구 등 여러 사람들과 함께 어울려 살아가야 해요. 따라서 ㉠다른 사람의 상황이나 처지를 생각하면서 행동해야 해요.

(1) 아침마다 꾸준히 운동을 했어.

( )

(2) 친구에게 숙제가 무엇인지 물어보았어.

( )

(3) 버스에서 다리가 불편한 아이에게 자리를 양보했어.

( )

글쓴이의 생각과 비슷한 생각을 가지고 행동한 친구의 이름을 쓰세요.

> 조선 시대에 김만덕이라는 사람이 있었습니다. 김만덕은 집도 가난하고 어렸을 때 부모님을 모두 잃어 힘들게 살았습니다. 어른이 된 김만덕은 제주도에서 장사를 해서 큰 부자가 되었습니다. 그런데 제주도에 가뭄이 들어 사람들이 모두 굶어 죽게 되자, 김만덕은 자신의 재산을 모두 제주도 백성을 위해 기꺼이 내어놓았습니다. 우리도 김만덕처럼 나눔을 실천해야 합니다. 작은 것이라도 나누다 보면 나도 행복해지고 다른 사람도 행복해집니다.

승환: 학교에서 열린 불우 이웃 돕기 바자회에 작아진 옷들을 내놓았어.
유경: 나는 엄마 심부름을 해서 용돈을 받을 때마다 저금통에 저금을 해.

( )

작은 실천으로 환경을 지켜요

우리는 음식을 배달시켜 먹을 때 대부분 플라스틱 *용기와 플라스틱 숟가락, 나무젓가락 등의 일회용품을 사용합니다. 일회용품을 사용하면 편리해서 좋지만 한번 쓰고 버려지기 때문에 환경이 오염됩니다. 따라서 일회용품 사용을 줄여야 합니다. 그렇다면 일회용품 사용을 줄이기 위해 생활 속에서 실천할 수 있는 일에는 어떤 것이 있을까요?

첫째, 마트나 시장에 갈 때 장바구니를 가져갑니다. 마트나 시장에서 산 물건을 비닐봉지가 아닌 장바구니에 담으면 비닐봉지 사용을 〔 ㉠ 〕 수 있습니다. 땅에 묻은 비닐봉지가 썩어 없어지려면 수십 년에서 수백 년까지 걸립니다.

둘째, *평소에 손수건을 챙겨 다닙니다. 화장실에서 손을 씻고 종이 타월이나 물티슈로 물기를 닦는 사람이 많습니다. 종이 타월이나 물티슈 대신 손수건을 사용하면 환경 오염을 막는 데 도움이 됩니다.

셋째, 종이컵 대신 유리컵이나 *텀블러 등을 사용합니다. 종이컵 1*톤을 만들려면 나무 20그루 정도를 ㉡베어야 합니다. 종이컵 때문에 소중한 나무를 함부로 베어야 하는 것입니다.

일회용품 사용으로 환경에 큰 *피해를 주고 있습니다. 일회용품을 줄이는 것은 그리 어렵지 않습니다. 일회용품 사용을 줄이는 방법을 알고 생활 속에서 실천할 수 있도록 노력합시다.

*용기: 물건을 담는 그릇.
*평소: 특별한 일이 없는 보통 때.
*텀블러: 손잡이가 없고 밑바닥이 납작한 큰 잔.
*톤: 무게를 나타내는 말. 1톤은 1000킬로그램임.
*피해: 생명이나 신체, 재산, 명예 등에 손해를 입음. 또는 그 손해.

1

주제

이 글에 담긴 글쓴이의 생각은 무엇인가요? (　　　)

① 나무를 심자.　　　　　　　　② 손을 깨끗이 씻자.

③ 에너지를 아껴 쓰자.　　　　　④ 일회용품 사용을 줄이자.

⑤ 분리배출을 제대로 하자.

☆ 일회용품에 대한 글쓴이의 생각으로 알맞은 것을 골라 봐.

2

내용 이해

이 글의 내용으로 알맞지 <u>않은</u> 것은 무엇인가요? (　　　)

① 일회용품을 사용하면 불편하다.

② 일회용품을 사용하면 환경이 오염된다.

③ 음식을 배달시켜 먹을 때 대부분 일회용품을 사용한다.

④ 종이컵 1톤을 만들려면 20그루 정도의 나무를 베어야 한다.

⑤ 땅에 묻은 비닐봉지가 썩어 없어지려면 꽤 오랜 시간이 걸린다.

3

내용 이해

이 글에서 알려 준 일회용품을 줄이기 위해 실천할 수 있는 일을 정리한 것입니다. 빈칸에 알맞은 말을 쓰세요.

(1) 비닐봉지 대신 ☐☐☐☐를 사용한다.

(2) 종이 타월이나 물티슈 대신 ☐☐☐을 사용한다.

(3) ☐☐☐ 대신 유리컵이나 텀블러를 사용한다.

4

추론

㉠에 들어갈 말로 알맞은 것에 ○표 하세요.

늘릴　　　　줄일　　　　알릴

5 다음 밑줄 친 말이 ⓛ'베다'와 같은 뜻으로 쓰인 것의 기호를 쓰세요.

어휘·표현

> ㉮ 베개를 <u>베고</u> 이불을 덮었다.
> ㉯ 풀을 <u>베어</u> 염소에게 먹였다.

(   )

6 글쓴이의 생각에 대해 자신의 생각을 바르게 말한 친구의 이름을 쓰세요.

비판

> 효주: 일회용품을 많이 사용하면 편식을 할 수 있기 때문에 나는 글쓴이의 생각이
> 옳지 않다고 생각해.
> 상준: 일회용품을 많이 사용하면 쓰레기의 양도 많아지기 때문에 나는 글쓴이의
> 생각이 옳다고 생각해.

(   )

☆ 알맞은 까닭을 들어가며 글쓴이의 생각이 옳은지 또는 옳지 않은지 판단한 친구를 골라 봐.

7 글쓴이의 생각을 잘 이해하고 실천한 예로 알맞은 것에 ○표 하세요.

적용·창의

(1) 일회용 나무젓가락으로 급식을 먹었다. (   )

(2) 비 오는 날 비에 젖은 우산을 비닐봉지에 넣었다. (   )

(3) 포장 음식을 플라스틱 용기 대신 집에서 가져간 통에 담아 왔다. (   )

☆ 일회용품을 줄이기 위해 한 일로 알맞은 것을 찾아봐.

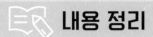

내용 정리

★ 빈칸에 알맞은 말을 써서 오늘 읽은 글의 내용을 정리해 보세요.

글쓴이의 생각	❶( ) 사용을 줄여야 한다.
실천 방법	• 마트나 시장에 갈 때 ❷( )를 가져간다. • 평소에 손수건을 챙겨 다닌다. • 종이컵 대신 ❸( )이나 텀블러를 사용한다.

어휘 정리

1 다음 문장에 알맞은 낱말을 (   ) 안에서 골라 ○표 하세요.

(1) (실천할, 실패할) 수 있는 계획을 세워라.

(2) (장소에, 평소에) 책을 읽는 습관이 중요하다.

(3) 우리 집에서 학교까지 걸어서 5분 정도 (빌린다, 걸린다).

2 빈칸에 들어갈 관용어로 알맞은 것에 ○표 하세요.

> 전 세계가 일회용품 쓰레기 때문에   있다.

(1) 깨가 쏟아지고 → 몹시 재미가 있다는 뜻. (   )

(2) 골치를 앓고 → 머리가 아플 정도로 이리저리 고민하다는 뜻. (   )

성규에게

성규야, 안녕? 엄마가 너에게 하고 싶은 말이 있어서 이렇게 편지를 썼어.

어제 엄마가 너에게 책 읽으라고 했을 때 네가 조금 *이따가 읽는다고 하면서 놀이터에 갔었잖아. 또 놀이터에서 놀다 온 뒤에 씻으라고 했더니 이따가 씻는다면서 텔레비전만 봤었지. 그러다가 저녁을 먹고 나서 방에 *한참 있다가 씻더라. ㉠요즘 엄마가 너의 모습을 보니 "이따가 할게요."라고 말하면서 해야 할 일을 자꾸 미루는 것 같아.

성규야, 『개미와 베짱이』라는 책 읽어 봤지? 그 책에서 베짱이는 여름 *내내 자신이 할 일을 하지 않고 미루기만 하다가 겨울에 먹을 것이 없어 개미를 찾아갔잖니? 엄마는 네가 베짱이처럼 할 일을 미루지 않았으면 좋겠어. 양치질이나 세수처럼 하기 싫어도 꼭 해야 하는 일이 있잖아. ㉡그런 일을 자꾸 미루다 보면 더 하기 싫어지고 시간만 *낭비하게 된단다.

성규야, 너도 이제 1학년이 되었으니까 할 일을 미루지 말고 스스로 척척 해 내는 멋진 아들이 되었으면 좋겠구나.

성규야, 사랑해!

20○○년 ○○월 ○○일

엄마가

* 이따가: 조금 지난 뒤에.
* 한참: 시간이 꽤 지나는 동안.
* 내내: 처음부터 끝까지 계속해서.
* 낭비하게: 시간이나 재물 등을 헛되이 헤프게 쓰게.

1 짜임

이 편지를 쓴 사람은 누구인지 쓰세요.

2 내용 이해

이 편지의 내용으로 알맞은 것은 무엇인가요? (   )

① 성규는 저녁을 먹고 한참 뒤에 씻었다.

② 성규는 항상 자기 할 일을 미리미리 한다.

③ 성규는 학교에서 늦게까지 놀다 집에 왔다.

④ 성규가 게임을 오래 해서 엄마에게 혼났다.

⑤ 엄마가 성규에게 『개미와 베짱이』를 읽어 주셨다.

3 추론

㉠에 담긴 엄마의 마음은 어떠한가요? (   )

① 기쁘다.   ② 외롭다.

③ 지루하다.   ④ 궁금하다.

⑤ 안타깝다.

☆ 할 일을 자꾸 미루는 성규의 모습을 보면 엄마가 어떤 마음이 들지 생각해 봐.

4 내용 이해

㉡'그런 일'은 어떤 일을 가리키는지 알맞은 것에 ◯표 하세요.

(1) 하고 싶은 일   (   )

(2) 나중에 해야 하는 일   (   )

(3) 하기 싫어도 꼭 해야 하는 일   (   )

☆ ㉡ 앞부분을 잘 읽어 봐.

5 이 편지에 담긴 글쓴이의 생각으로 알맞은 것은 무엇인가요? ( )

① 책을 많이 읽자.

② 약속을 잘 지키자.

③ 거짓말을 하지 말자.

④ 할 일을 미루지 말자.

⑤ 친구를 소중히 여기자.

☆ 엄마가 성규에게 하고 싶은 말이 무엇인지 생각해 봐.

6 비판 다음은 우영이가 글쓴이의 생각에 대해 자신의 생각을 말한 것입니다. ( ) 안에서 알맞은 말을 골라 ○표 하세요.

> 우영: 나는 글쓴이의 생각이 (옳다고, 옳지 않다고) 생각해. 지금 당장 해야 할 일을 미루면 나중에 해야 할 일이 더 많아져서 하지 못할 수도 있어.

7 적용·창의 글쓴이의 생각과 비슷한 생각을 가지고 행동한 친구에 ○표 하세요.

(1)
> 날씨가 너무 더워서 아이스크림을 한꺼번에 많이 먹었더니 배탈이 났어.

( )

(2)
> 방학 동안 일기 쓰는 것이 숙제였는데, 밀리지 않으려고 매일매일 썼어.

( )

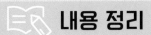

내용 정리

⭐ 빈칸에 알맞은 말을 쓰거나 ○표를 하여 오늘 읽은 글의 내용을 정리해 보세요.

받을 사람	❶( )
첫인사	성규야, 안녕? 엄마가 너에게 하고 싶은 말이 있어서 이렇게 편지를 썼어.
하고 싶은 말	해야 할 일을 ❷(미루지, 잊어버리지) 않았으면 좋겠어. 해야 할 일을 자꾸 미루다 보면 더 하기 싫어지고 ❸( )만 낭비하게 된단다.
끝인사	성규야, 사랑해!
쓴 날짜	20○○년 ○○월 ○○일
쓴 사람	❹( )

어휘 정리

1 다음 문장에 알맞은 낱말을 (   ) 안에서 골라 ○표 하세요.

(1) 용돈을 (절약하지, 낭비하지) 말고 아껴 써라.

(2) 병원에 환자가 많아서 (한참, 한가득) 동안 기다렸다.

2 다음은 이 글 속의 성규가 했을 생각을 짐작한 것입니다. 밑줄 친 관용어의 뜻으로 알맞은 것에 ○표 하세요.

> '우리 엄마 잔소리는 <u>귀가 따가울</u> 정도로 심한 것 같아.'

(1) 남의 말을 쉽게 받아들인다. ( )

(2) 너무 여러 번 들어서 듣기가 싫다. ( )

금요일을 마음을 전하는 날로 정하자

지난주 월요일에 교실에서 제가 무척 아끼는 지우개를 잃어버렸습니다. 그런데 제가 잃어버린 지우개를 서영이가 찾아 주었습니다. 저는 서영이가 저 몰래 지우개를 가져갔다가 돌려준 것이라고 생각하고 서영이에게 화를 냈습니다. 결국 서영이와 다투고 말았습니다.

서영이와 *어색하게 지낸 지 3일째 되는 날, 제 겉옷 주머니에 넣어 둔 지우개가 서영이 옆자리에 떨어진 것이라는 걸 알게 되었습니다. 제 겉옷 주머니에 구멍이 난 줄도 모르고 서영이를 *의심했던 것입니다. 나중에 이 사실을 알고 서영이에게 〔 ㉠ 〕 마음이 들었지만 *쑥스러워 말을 못했습니다. 이처럼 친구에게 마음을 전하고 싶어도 그렇게 하지 못할 때가 있습니다.

㉡저는 매주 금요일을 친구에게 '마음을 전하는 날'로 정했으면 좋겠습니다. 교실에 편지함을 만들어 친구에게 마음을 전하고 싶을 때마다 편지를 써서 편지함에 넣는 것입니다. 그리고 매주 금요일마다 편지함에서 편지를 꺼내 친구에게 전달해 주는 것입니다. 마음을 전하는 날을 따로 정하면 반 친구들과 더 사이좋게 지낼 수 있다고 생각합니다.

---

* 어색하게: 잘 모르거나 별로 만나고 싶지 않았던 사람과 마주 대하여 불편하고 자연스럽지 못하게.
* 의심했던: 확실히 알 수 없어서 믿지 못했던.
* 쑥스러워: 하는 짓이나 모양이 자연스럽지 못하거나 어울리지 않아 부끄러워.

1

주제

글쓴이가 제안한 것은 무엇인지 쓰세요.

매주 금요일을 '⬚⬚을 ⬚⬚⬚⬚'로 정하자.

☆ 글의 제목에 제안하는 내용이 들어 있어.

2

내용 이해

지난주에 교실에서 있었던 일은 무엇인가요? (   )

① 서영이가 글쓴이에게 화를 냈다.

② 서영이가 글쓴이에게 사과를 하였다.

③ 서영이가 글쓴이의 겉옷에 지우개를 넣어 두었다.

④ 글쓴이가 잃어버린 지우개를 서영이가 찾아 주었다.

⑤ 글쓴이가 잃어버린 지우개를 서영이가 몰래 가져갔다.

3

추론

㉠에 들어갈 말로 알맞은 것은 무엇인가요? (   )

① 즐거운   ② 미안한   ③ 부러운

④ 외로운   ⑤ 궁금한

4

내용 이해

글쓴이가 ㉡과 같이 하면 어떤 점이 좋다고 하였는지 알맞은 것에 ○표 하세요.

(1) 물건을 아껴 쓸 수 있다.   (   )

(2) 공부를 열심히 할 수 있다.   (   )

(3) 반 친구들과 더 사이좋게 지낼 수 있다.   (   )

5 어휘·표현

이 글에 쓰인 낱말 중에서 다음 낱말과 뜻이 비슷한 것은 무엇인가요? (　　　)

> 싸우다

① 잃다　　　　② 찾다　　　　③ 다투다

④ 아끼다　　　⑤ 전하다

---

6 비판

채운이가 글쓴이의 생각에 대해 자신의 생각을 말하였습니다. 빈칸에 들어갈 말로 알맞은 것에 ○표 하세요.

나는 글쓴이의 생각이 좋다고 생각해.

채운

(1) 친구에게 마음을 전하려면 편지보다는 선물이 좋기 때문이야.　　　　　(　　　)

(2) 편지를 쓰면 친구에게 직접적으로 하지 못하는 말도 쉽게 전할 수 있어. (　　　)

☆ 글쓴이의 생각이 좋다고 생각하는 까닭으로 알맞은 것을 골라 봐.

---

7 적용·창의

다음 중 글쓴이와 비슷한 경험을 한 친구는 누구인가요? (　　　)

① 나영: 강아지와 공원에서 산책을 했어.

② 세윤: 동생과 줄넘기 연습을 열심히 했어.

③ 민정: 영진이와 도서관에 가서 책을 읽었어.

④ 현수: 짝의 연필을 부러뜨렸는데 바로 사과를 못했어.

⑤ 병준: 문방구에 가서 어떤 지우개를 살까 한참을 고민했어.

☆ 친구에게 마음을 전하지 못했던 경험, 미안한 마음이 들었던 경험 등을 말한 친구를 골라 봐.

 **내용 정리**

★ 빈칸에 알맞은 말을 쓰거나 ○표를 하여 오늘 읽은 글의 내용을 정리해 보세요.

> ❶(   )에게 마음을 전하고 싶어도 전하지 못할 때가 있다. 그래서 매주 금요일을 '마음을 전하는 날'로 정했으면 좋겠다. ❷(편지, 일기)를 써서 마음을 전하는 날을 따로 정하면 반 친구들과 더 ❸(어색하게, 사이좋게) 지낼 수 있다.

어휘 정리

1 다음 문장에 알맞은 낱말을 (   ) 안에서 골라 ○표 하세요.

(1) 선생님께 고마운 마음을 (받는, 전하는) 편지를 썼다.

(2) 엄마가 내 말을 믿지 못하고 (의심하는, 용서하는) 것 같다.

(3) 처음 만난 친구들 앞이라서 말하기가 (부러웠다, 쑥스러웠다).

2 밑줄 친 관용어의 뜻으로 알맞은 것에 ○표 하세요.

> 나와 승한이는 <u>마음이 통했다</u>.

(1) 화가 난 마음이 없어졌다.   (   )

(2) 서로 생각이 같아 이해가 잘되었다.   (   )

금 같은 시간, 어떻게 아낄까?

"시간은 금이다."라는 말이 있습니다. 이 말은 미국의 *유명한 과학자 벤저민 프랭클린이 시간의 (㉠)에 대해 한 말입니다. 누구에게나 하루에 *주어진 시간은 똑같습니다. 하지만 시간을 아껴 쓰는 사람과 시간을 낭비하는 사람 사이에는 큰 차이가 있습니다. 시간은 소중한 것이므로 아껴 써야 합니다. 그렇다면 시간을 아껴 쓰기 위해서 우리가 할 수 있는 일에는 무엇이 있을까요?

첫째, 하루 동안 어떻게 생활할 것인지 시간표를 짜고 그대로 실천합니다. 시간은 한번 지나가면 다시 돌아오지 않습니다. 또 시간은 다른 사람에게 빌려주거나 빌릴 수도 없습니다. 그러므로 하루 동안 해야 할 일을 생각하면서 시간표를 짜고 그대로 실천하면 시간을 *계획적으로 쓸 수 있습니다.

둘째, ㉡해야 할 일 중에서 더 중요한 일부터 합니다. 학원에 가야 하는데 친구가 놀이터에서 놀자고 부르면 어떻게 해야 할까요? 학원에 가는 것이 더 중요한 일이므로 먼저 학원부터 가야 합니다.

시간을 낭비하지 않으려면 앞으로 어떻게 해야 하는지 잘 알았나요? 우리 모두 소중한 시간을 아껴 쓰기 위해서 노력합시다.

* 유명한: 이름이 널리 알려져 있는.
* 주어진: 어떤 것이 생기거나 갖추어진.
* 계획적: 미리 정해진 계획에 따른 것.

1 주제

이 글에서 가장 중요한 낱말은 무엇인가요? (   )

① 금   ② 학원   ③ 낭비

④ 시간   ⑤ 시간표

☆ 글에서 자주 나오는 낱말을 찾아봐!

2 주제

글쓴이가 이 글을 쓴 까닭으로 알맞은 것에 ○표 하세요.

(1) 시간표를 짜는 방법을 알려 주려고   (   )

(2) 시간을 아껴 쓰자는 생각을 전하려고   (   )

(3) 물건을 낭비하지 말자는 생각을 전하려고   (   )

3 추론

㉠에 들어갈 말로 알맞은 것에 ○표 하세요.

| 친절함   소중함   튼튼함 |

4 내용 이해

시간을 아껴 쓰기 위해 할 수 있는 일을 두 가지 고르세요. (   )

① 시간표를 짜고 그대로 실천한다.

② 위인들이 한 일을 모두 따라 한다.

③ 해야 할 일 중에서 생각나는 일부터 한다.

④ 해야 할 일 중에서 더 중요한 일부터 한다.

⑤ 중요하지 않다고 생각하는 일은 절대로 하지 않는다.

5 어휘·표현

이 글에 쓰인 낱말 중에서 뜻이 반대되는 낱말끼리 짝 지어진 것에 ○표 하세요.

(1)
> 아끼다 – 낭비하다

(   )

(2)
> 중요하다 – 소중하다

(   )

6 비판

이 글을 읽고 자신의 생각을 바르게 말한 친구는 누구인지 쓰세요.

> 태영: 시간을 어떻게 쓰느냐에 따라 미래가 달라질 수도 있어. 그래서 글쓴이의 생각이 옳다고 생각해.
>
> 상우: 글쓴이의 생각대로 시간을 아껴 쓰면 하루 동안 아무 일도 못 하게 돼. 그래서 글쓴이의 생각이 옳지 않다고 생각해.

(   )

7 적용·창의

ⓛ을 바르게 이해하고 실천한 친구에 ○표 하세요.

(1)
> 피자를 먹을까 치킨을 먹을까 생각하다가 피자를 먹었어.

(   )

(2)
> 숙제를 할까 텔레비전을 볼까 고민하다가 숙제부터 했어.

(   )

☆ 꼭 필요한 일부터 한 친구를 골라 봐.

📝 내용 정리

★ 빈칸에 알맞은 말을 쓰거나 ○표를 하여 오늘 읽은 글의 내용을 정리해 보세요.

> ❶(돈, 시간)은 소중한 것이므로, 아껴 써야 한다. 시간을 아껴 쓰기 위해서는 하루 동안 어떻게 생활할 것인지 ❷(   )를 짜고 그대로 실천한다. 그리고 해야 할 일 중에서 ❸(더, 덜) 중요한 일부터 한다.

🔍 어휘 정리

1 빈칸에 알맞은 낱말을 ○보기○에서 찾아 쓰세요.

> ○ 보기 ○   유명   소중   계획

(1) 너는 내일 무엇을 할 (   )이니?

(2) 제주도는 귤이 맛있기로 (   )하다.

(3) 소방관들은 (   )한 생명을 구하려고 불길 속으로 뛰어들었다.

2 밑줄 친 관용어의 뜻으로 알맞은 것에 ○표 하세요.

> 나와 동생은 <u>시간 가는 줄 모르고</u> 만화 영화를 보았다.

(1) 화가 나서 눈을 부릅뜨고.   (   )

(2) 어떤 일에 집중하여 시간이 어떻게 지났는지 알지 못하고.   (   )

동물원을 없애야 해요

동물원에 가면 여러 가지 동물들을 가까이에서 볼 수 있습니다. 하지만 동물원에 온 사람들처럼 그곳에 사는 동물들은 과연 행복할까요? 좁은 ㉠우리에 갇혀 살아가는 동물들은 스트레스를 많이 받아 *이상 행동을 보이기도 합니다. 동물들을 보호하기 위해서는 동물원을 없애야 합니다.

동물원은 사람을 위해 만든 곳입니다. 동물원은 동물을 보호하기 위해 만든 곳이 아니라 사람들이 동물을 구경하려고 만든 시설이지요. 동물의 입장에서 생각하면 넓은 자연에서 마음껏 뛰어다니며 살 자유를 사람들에게 강제로 빼앗긴 것입니다. 사람들이 동물을 마음대로 *철창 안에 가두고 구경하는 것은 잘못된 행동입니다. 동물을 보호하기 위해서 동물원보다는 *야생 동물보호 구역을 만드는 것이 더 바람직합니다.

어떤 사람들은 동물원을 자연과 비슷한 환경으로 만들어 주면 된다고 말합니다. 또 어떤 사람들은 입장료로 번 돈을 동물의 *복지를 위해 사용하면 된다고 말합니다. 하지만 그렇게 한다고 해서 ㉡동물원에 갇혀 있는 동물들의 문제가 해결되지는 않습니다. 동물들은 자연 속에서 살아야 합니다. 즉, 동물들을 위해서는 동물원을 없애야 한다고 생각합니다.

*이상 행동: 일상생활에 적합하지 않은 행동.
*철창: 쇠로 창살을 만든 창문.
*야생 동물: 산이나 들에서 저절로 나서 자라는 동물.
*복지: 행복한 삶.

1 주제

글쓴이가 이 글을 쓴 까닭은 무엇인가요? (   )

① 야생 동물을 소개하기 위해서

② 동물원에서 지킬 점을 알려 주기 위해서

③ 동물원을 없애자는 생각을 전하기 위해서

④ 동물원의 수를 늘리자는 생각을 전하기 위해서

⑤ 야생 동물을 보호하자는 생각을 전하기 위해서

☆ 글쓴이가 글에서 하고 싶은 말은 무엇이겠는지 생각해 봐.

2 내용 이해

이 글의 내용을 정리하여 빈칸에 알맞은 말을 쓰세요.

(1) 동물원은 [|] 을 위해 만든 곳이다.

(2) 동물들은 [|] 속에서 살아야 한다.

3 어휘·표현

㉠'우리'의 뜻으로 알맞은 것에 ○표 하세요.

(1) 짐승을 가두어 기르는 곳.   (   )

(2) 말하는 사람이 자기와 자기 둘레에 있는 여러 사람을 함께 가리키는 말. (   )

4 내용 이해

글쓴이는 동물을 보호하기 위해서 동물원보다 무엇을 만드는 것이 더 바람직하다고 하였는지 쓰세요.

[| | | | | | |]

5 이 글의 내용으로 보아, ⓛ에 해당하는 문제로 알맞은 것에 ○표 하세요.

추론

(1) 자유가 없는 것 (　　　　)　　　　(2) 먹이가 부족한 것 (　　　　)

6 글쓴이의 생각에 대해 자신의 생각을 바르게 말하지 <u>못한</u> 친구는 누구인지 쓰세요.

비판

> 민유: 나는 글쓴이의 생각이 옳다고 생각해. 동물원에 있는 동물은 좁은 공간에 있
> 　　　으면 답답함을 느낄 수 있기 때문이야.
> 희철: 나는 글쓴이의 생각이 옳지 않다고 생각해. 글쓴이의 생각대로 동물원을 없
> 　　　애면 동물들이 자유를 누릴 수 없게 되기 때문이야.

(　　　　　　　　　)

7 글쓴이의 생각과 비슷한 생각이 담긴 신문 기사에 ○표 하세요.

적용·창의

(1)
> 　△△ 동물원은 지난 7월 20일에 태어난 자이언트 판다 새끼를
> 공개했다. 세계적으로 멸종 위기에 놓인 자이언트 판다 새끼를 조만
> 간 동물원에서 볼 수 있다고 밝혔다.

(　　　　)

(2)
> 　□□ 동물원에 있는 수족관에서 돌고래의 등 위에 올라타는 체험
> 프로그램을 운영하고 있어 문제가 되고 있다. 이에 대해 동물 보호
> 단체들은 동물 학대라면서 프로그램을 없앨 것을 주장하고 있다.

(　　　　)

☆ 동물원을 없애야 한다는 글쓴이의 생각과 비슷한 생각이 담긴 신문 기사를 골라 봐.

📝 내용 정리

★ 빈칸에 알맞은 말을 쓰거나 ○표를 하여 오늘 읽은 글의 내용을 정리해 보세요.

> 동물원에 있는 동물들은 ❶(넓은, 좁은) 우리에 갇혀 있기 때문에 스트레스를 많이 받고 살아간다. ❷(   )은 사람들이 동물을 구경하려고 만든 시설이다. 동물들은 넓은 자연에서 자유롭게 살아야 한다. 따라서 동물들의 보호를 위해 동물원은 ❸(늘려야, 없애야) 한다.

🔍 어휘 정리

1 빈칸에 알맞은 낱말을 ○보기○에서 찾아 쓰세요.

> ○보기○   복지   야생   우리

(1) 염소가 도망가지 못하게 (   ) 안에 가두었다.

(2) 모든 국민이 (   )를 누리며 살았으면 좋겠다.

(3) (   ) 버섯은 독이 있을 수 있으니 함부로 먹지 마세요.

2 빈칸에 들어갈 관용어로 알맞은 것에 ○표 하세요.

> 동물원의 좁은 우리에 갇혀 이상 행동을 보이는 동물들을 보니 ▇▇▇▇▇.

(1) 가슴이 트였다 → 답답한 마음이 풀리어 환해지다는 뜻.   (   )

(2) 가슴이 아렸다 → 몹시 가여워 마음이 찌르는 것처럼 아프다는 뜻.   (   )

오렌지를 보면 잠시 쉬어 가세요

저기 교차로가 보입니다.
지금 신호등이 바뀌고 있네요.
사과에서 오렌지로 그리고 곧 토마토로…
그렇게 오렌지가 보이면 잠시 쉬어 가세요.
오렌지를 보고도 그냥 가시다간
큰 탈이 날 수도 있으니까요.
오렌지는 잠시 쉬어 가라는 휴식의 메시지입니다.

서로를 배려하는 마음은 교통 문화의 푸른 신호등

kobaco 한국방송광고공사
공익광고협의회

* 교차로: 두 길이 엇갈린 곳. 또는 서로 엇갈린 길.
* 탈: 전혀 예상하지 못했던 사고.
* 메시지: 어떤 사실을 알리거나 주장하거나 주의를 주기 위해 특별히 전하는 말.
* 배려하는: 도와주거나 보살펴 주려고 마음을 쓰는.

1 주제

이 광고에 담긴 생각으로 알맞은 것은 무엇인가요? (   )

① 안전띠를 꼭 매자.   ② 음식을 골고루 먹자.

③ 신호등을 잘 지키자.   ④ 신호등을 많이 설치하자.

⑤ 가끔 하던 일을 멈추고 쉬자.

☆ 광고를 통해 사람들에게 어떤 말을 전하려고 하는지 생각해 봐.

2 내용 이해

이 광고의 내용으로 알맞은 것에 ○표 하세요.

(1) 신호등이 바뀌자마자 건너야 한다.   (   )

(2) 신호등이 없는 곳에서는 자동차가 빨리 달려야 한다.   (   )

(3) 신호등이 노란색으로 바뀌면 잠시 멈추었다가 가야 한다.   (   )

3 추론

이 광고에서 다음은 무엇을 표현한 말인지 알맞게 선으로 이으세요.

(1) 사과 •   • ㉮ 노란색 신호등

(2) 오렌지 •   • ㉯ 빨간색 신호등

(3) 토마토 •   • ㉰ 초록색 신호등

☆ 열매의 색깔과 관련이 있어.

4 어휘·표현

다음 밑줄 친 말이 ㉠에 쓰인 '쉬다'와 같은 뜻으로 쓰인 것에 ○표 하세요.

(1) 식탁 위에 놓아두었던 떡이 <u>쉬었다</u>.   (   )

(2) 소리를 질렀더니 목소리가 <u>쉬어</u> 버렸다.   (   )

(3) 사냥꾼은 나무 그늘에 앉아 잠시 <u>쉬었다</u>.   (   )

☆ ㉠은 '잠시 머무르다.'의 뜻을 가지고 있어.

5

내용 이해

이 광고에서 오렌지는 무엇이라고 하였는지 빈칸에 알맞은 말을 쓰세요.

잠시 쉬어 가라는 [ ][ ]의 메시지

6

비판

이 광고에 담긴 생각에 대해 자신의 생각을 바르게 말한 친구의 이름을 쓰세요.

연우: 이 광고에 담긴 생각은 옳다고 생각해. 노란색 신호등인데도 무리하게 가면 큰 사고가 날 수 있어.

기찬: 이 광고에 담긴 생각은 옳지 않다고 생각해. 이 광고대로 하면 오히려 교통 사고가 더 늘어날 수 있어.

( )

7

적용·창의

이 광고를 만든 사람이 다음 아이들의 모습을 보았을 때 했을 생각으로 알맞지 <u>않은</u> 것에 ×표 하세요.

(1) 멈춰 있는 차도 곧 움직일 수 있어. ( )

(2) 버스 같은 큰 차 뒤에서 노는 것이 더 안전해.

( )

(3) 운전하는 사람이 아이들을 볼 수 없을 것 같아.

( )

☆ 자동차 뒤에서 놀고 있는 아이들을 보고 어떤 생각을 했을지 짐작해 봐.

내용 정리

★ 빈칸에 알맞은 말에 ○표를 하여 오늘 읽은 글의 내용을 정리해 보세요.

> 교차로에서 교통 신호를 잘 지키지 않는 상황을 강조하기 위해서 ❶(신호등, 가로등)
> 을 비슷한 색깔의 열매로 표현한 것이다. ❷(빨간색, 노란색) 신호등이 보이면 잠시
> ❸(멈췄다가, 달렸다가) 가자는 생각을 전하는 광고이다.

어휘 정리

1 빈칸에 들어갈 알맞은 낱말에 ○표 하세요.

(1)
> 감기를 예방하려면 충분한 　　　　　이 필요해.

(소식, 휴식)

(2)
> 영화관에서는 다른 사람을 　　　　　 핸드폰을 꺼 두어야 해.

(넉넉하여, 배려하여)

2 빈칸에 들어갈 관용어로 알맞은 것에 ○표 하세요.

> 형은 신호등이 빨간색일 때 길을 건너는 동생을 보고 사고가 날까 봐 　　　　　.

(1) 간이 콩알만 해졌어요 → 매우 겁이 난다는 뜻.　　　　　　　　　　(　)

(2) 눈썹도 까딱하지 않았어요 → 놀라거나 두려워하지 않다는 뜻.　　　(　)

낱말 미로

앞에서 배운 낱말을 떠올려 보고, 퀴즈를 풀며 미로를 탈출해 보세요.

영양분을 몸속에 받아들이는 것을 뜻하는 낱말은 무엇일까?

성취

섭취

어색하다

"짝이 새로 바뀌어서 낯설고 ○○○○." 에서 빈칸에 들어갈 말은?

억울하다

실천

사람이 다니는 길을 무엇이라고 할까?

차도

계획

인도

마음먹은 것을 실제로 행하는 것을 뜻하는 낱말은 무엇일까?

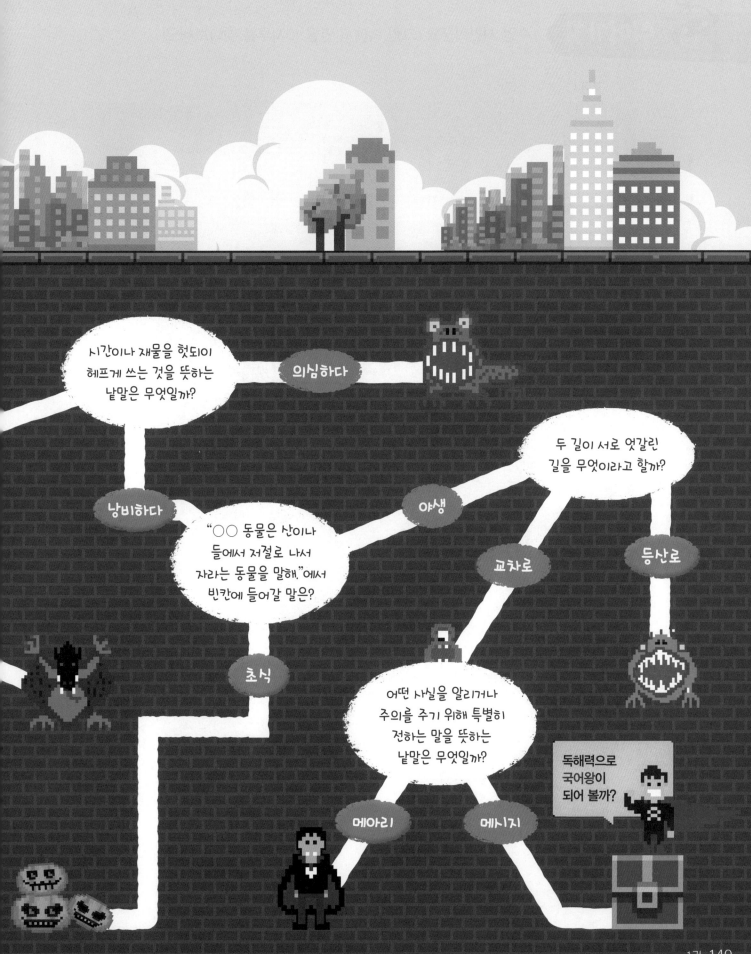

 수업 시간이군요. 그림 속에서 연필 10자루를 찾아보세요!

정답 및 해설 16쪽에서 확인하세요.

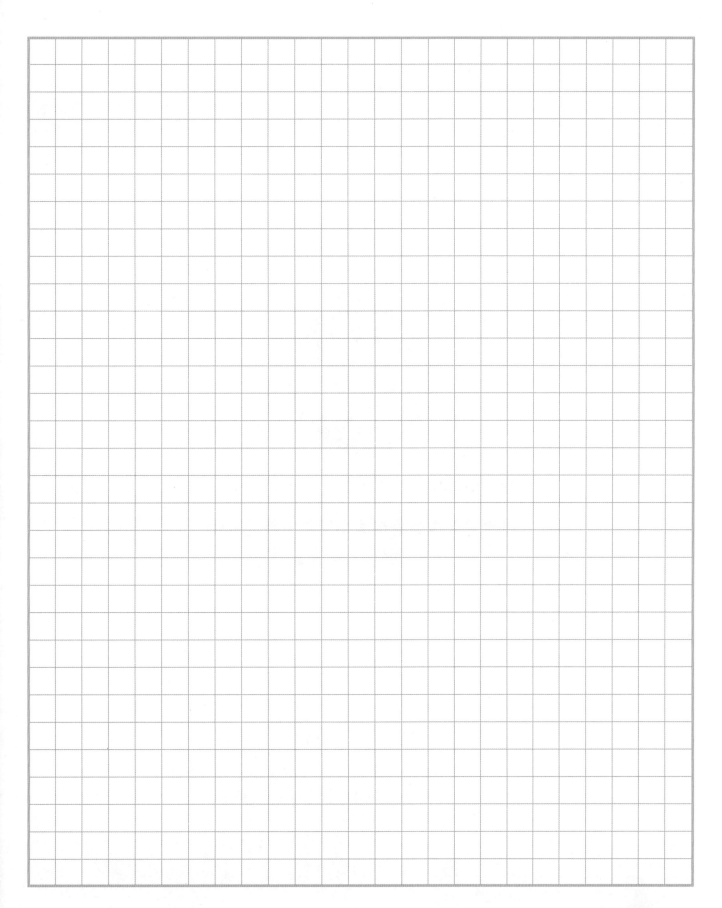

독해 비법이 담긴 기본편 을 완성하였습니다.

이제 본격 실전 문제로 실력을 키워 볼까요?
자, 실력편 으로 출발!

앗!

[정답 및 해설]이 어디 도망갔다고요?
길벗스쿨 홈페이지에 들어오세요.
도서 자료실에 딱 준비되어 있습니다!

기적의 독해력

기본편

정답 및 해설

1권

1 DAY

비법 1	예시	①, ⑤
	연습	1 총각 2 ①
비법 2	예시	⑤
	연습	1 운동장 2 (1) 점심 (2) 슬기, 집

비법 1

예시 글에 '엄마'와 '할머니'라는 말이 나오기는 하지만 글에 등장하여 말하고 행동하는 인물은 '빨간 모자'와 '늑대'입니다.

연습 2 가장 중요한 인물은 '아기 꿀벌 마야'입니다.

비법 2

예시 일이 일어난 때를 알려 주는 말은 '어느 날 아침'입니다.

연습 2 첫 문장에 시간을 나타내는 말 '점심때'와 장소를 나타내는 말 '슬기네 집'이 모두 나와 있습니다.

2 DAY

비법 3	예시	(1) ○
	연습	1 ⑤ 2 ④
비법 4	예시	(2) ○
	연습	1 (2) ○ 2 (2) ○

비법 3

예시 해치는 사자처럼 생겼고 이마 한가운데 뿔이 있다고 했습니다.

연습 1 ㉠은 사자가 콧등을 건드린 생쥐 때문에 낮잠에서 깨자 화가 나서 한 말입니다.

연습 2 ㉠은 토끼가 옹달샘에 비친 자신의 모습을 보고 투덜거리며 한 말이므로 입을 삐죽거리는 몸짓이 어울립니다.

비법 4

예시 도깨비가 했던 것처럼 농부 부부도 하루 종일 도깨비의 말을 따라 해서 도깨비가 지쳤다고 했습니다. 따라서 도깨비가 울면서 농부에게 용서를 빌었다는 내용이 이어지는 것이 자연스럽습니다.

연습 1 텔레비전을 보느라 엄마의 말을 귀 기울여 듣지 않은 재형이가 슈퍼에 가서 할 행동으로 알맞은 것은 (2)입니다.

3 DAY

1 봄날	2 ④	3 (3) ○	4 ④	5 (3) ×
6 유라	7 ④			

내용 정리	❶ 봄 ❷ 시냇물 ❸ 겨울잠
어휘 정리	1 (1) 덮여 (2) 쌓았다 (3) 마중
	2 (1) 졸졸졸 (2) 꽁꽁 (3) 두근두근

1 '어느 이른 봄날이에요.'라는 첫 문장을 통해 일이 일어난 때가 '이른 봄날'임을 알 수 있습니다.

2 친구들이 겨울잠을 자는 동안, 어서 봄이 되어 친구들을 만나기를 기다리는 토비의 이야기입니다.

3 토비는 눈처럼 새하얀 몸에 검은 얼룩이 있는 점박이 토끼라고 했습니다.

4 곰, 다람쥐, 고슴도치, 너구리는 모두 겨울잠을 자는 동물들이므로 토비와 친구들은 봄에 다시 만나자고 약속을 한 것입니다.

5 토비는 지난가을에 친구들과 봄에 다시 만나기로 약속했습니다.

6 겨울 숲속에서 봄을 기다리는 토비의 마음과 같은 생각을 말한 친구는 유라입니다.

7 들판에 난 귀여운 발자국을 보고 떨리는 마음으로 들판으로 뛰어간 토비에게 어떤 일이 일어났는지에 관한 내용이 자연스럽게 이어져야 합니다.

어휘 정리

1 (1) **덮이다**: 일정한 곳이 빈틈없이 휩싸이다.
　데우다: 식었거나 찬 것을 덥게 하다.
　(2) **쌓다**: 돌, 흙 들을 차곡차곡 포개어 담, 성, 탑 들을 만들다.
　(3) **마중**: 오는 사람을 나가서 맞이함.
　나중: 얼마의 시간이 지난 뒤.

2 (1) **졸졸졸**: 가는 물줄기 따위가 잇따라 부드럽게 흐르는 소리. 또는 그 모양.
　(2) **꽁꽁**: 물체가 매우 단단히 언 모양.
　(3) **두근두근**: 몹시 놀라거나 불안하여 자꾸 가슴이 뛰는 소리. 또는 그 모양.

1 ③   2 (1) ○   3 ②   4 ⑤   5 ①   6 (2) ×
7 ⑤

내용 정리 ❶ 원망   ❷ 털   ❸ 길어질

어휘 정리 1 (1) 줌 (2) 보들보들하다 (3) 불평
　　　　　　2 (1) ○

1 이 이야기에 나와서 말하고 행동하는 사람이나 동물이 아닌 것은 '버섯'입니다.

2 보들은 동그란 몸에 하얗고 보들보들한 털을 가졌다고 했습니다.

3 ㉠은 보들이 다람쥐를 놀리며 한 말이므로 흉을 보듯이 비웃는 말투로 말했을 것입니다.

4 '한 줌씩'은 일이 언제 일어났는지를 알 수 있는 말이 아니므로 시간을 나타내는 말이 아닙니다.

5 하느님이 만든 보들이 돼지와 다람쥐, 사슴을 놀려 대자 동물들은 보들을 만든 하느님을 원망하였습니다. 보들은 몸에 있던 털이 다 빠지게 되자 하느님을 찾아가 용서를 빌었습니다.

6 이 글은 보들이 자신의 모습을 뽐내며 다른 동물들의 생김새를 놀리고 무시했다가 벌을 받았다는 내용의 이야기입니다. 글의 내용에 맞게 깨달은 점을 바르게 말한 친구는 (1)과 (3)입니다. 이 글에 거짓말을 하는 내용은 나오지 않으므로 (2)의 친구가 말한 것은 바르지 않습니다.

7 하느님이 보들에게 친구를 사귈 때마다 털이 한 줌씩 생기고, 친구들이 사귀기 싫다고 할 때마다 몸이 길어진다고 말한 뒤에 일어날 일로 알맞은 것은 ⑤입니다.

어휘 정리

1 (1) **줌**: 한 손에 쥘 수 있는 양을 세는 단위.
　　개: 낱으로 된 물건을 세는 단위.
　(2) **보들보들하다**: 피부에 닿는 느낌이 매우 보드랍다.
　　시들시들하다: 조금 시들어서 힘이 없다.
　(3) **불평**: 어떤 일이나 사람에 대하여 마음에 들지 않아 못마땅한 것을 말이나 행동으로 드러냄.
　　불편: 어떤 것을 사용하거나 이용하는 것이 거북하거나 괴로움.

2 보들이 잘난 체하며 다른 동물들을 무시했다는 내용이므로 '코가 높다'가 어울립니다.

1 (3) ○   2 ①, ⑤   3 ②   4 (2) ×   5 ③
6 하준   7 ③

내용 정리 ❶ 그림책   ❷ 울라불라 별
　　　　　　❸ 직접 걸어 다니며

어휘 정리 1 (1) 스르르 (2) 기운 (3) 흐물흐물해서
　　　　　　2 (2) ○

1 핑크르르는 분홍색 액체 풀처럼 흐물흐물하게 생긴 외계인이라고 했습니다.

2 이 글에는 세희가 병실에서 있었던 일과 꿈속에서 가게 된 울라불라 별에서 있었던 일이 나타나 있습니다.

3 세희가 두 다리로 서 있어도 다리가 하나도 아프지 않았다는 부분, 세희가 휠체어를 타지 않고 직접 걸어 다니며 울라불라 별에 있는 하늘 수족관과 구름 집을 볼 수 있었다는 부분에서 세희가 다리가 아파서 병원에 있다는 사실을 짐작할 수 있습니다.

4 침대에서 그림책을 보다가 잠이 든 것은 세희가 꿈속에서 울라불라 별에 가기 전에 병실에서 한 일입니다.

5 울라불라 별에 사는 외계인은 핑크르르입니다.

6 다리가 아픈 세희는 그림책 속에서 본 울라불라 별에 가서 휠체어를 타지 않고 직접 걸어 다니는 동안 기분이 날아갈 듯이 너무 좋다고 하였으므로, 글의 내용에 맞게 생각이나 느낌을 바르게 말한 친구는 하준이입니다.

7 이 글은 다리가 아픈 세희가 울라불라 별이 나오는 그림책을 보다 잠들면서 벌어진 일을 쓴 글입니다. ③은 앞의 이야기와 자연스럽게 이어지기에 알맞지 않습니다.

어휘 정리

1 (1) **부르르**: 크고 가볍게 떠는 모양.
　(2) **기운**: 생물이 몸을 움직이고 활동하는 힘.
　　행운: 좋은 운수. 또는 행복한 운수.
　(3) **흐물흐물하다**: 몹시 물렁물렁하고 힘이 없어 자꾸 늘어지는 데가 있다.
　　조물조물하다: 작은 손놀림으로 자꾸 주물러 만지작거리다.

2 기분이 날아갈 것 같았다는 말은 기분이 좋았다는 뜻이므로 '기뻐서 입이 크게 벌어지다.'라는 뜻의 '입이 귀밑까지 찢어지다'가 관련 있습니다.

6 DAY

34~37쪽

1 ④   2 캠핑장   3 ①   4 (2) ○   5 ⑤   6 수진
7 (2) ○

내용 정리 ❶ 천체 망원경 ❷ 배 ❸ 별자리
어휘 정리 1 (1) 꿀맛 (2) 허겁지겁 (3) 솔깃했다
          2 (2) ○

1 캠핑장에 간 사람은 아빠와 '나', 지원이와 지원이 아빠입니다. 이 글에 '나'의 엄마는 나오지 않습니다.

2 이 글은 '나'의 가족과 지원이네 가족이 캠핑장에 가서 일어난 일을 쓴 글입니다.

3 지원이 아빠는 '나'와 지원이에게 천체 망원경으로 별을 보여 주고 싶으셔서 캠핑장에 천체 망원경을 가져오셨습니다. 따라서 지원이 아빠는 웃으며 부드러운 말투로 말했을 것입니다.

4 '나'는 저녁을 너무 허겁지겁 많이 먹어서 갑자기 배가 아파 텐트 안에 누웠다고 했습니다.

5 '나'는 배가 아파서 천체 망원경으로 별 구경을 하지 못했습니다.

6 천체 망원경으로 별을 직접 보려고 했는데 배가 아파서 보지 못하게 된 '나'와 비슷한 경험을 말한 친구는 수진이입니다.

7 다음에 캠핑장에 다시 올 때는 꼭 별 구경을 하기로 아빠와 약속했다고 했으므로, '나'는 일기장에 캠핑장에서 별 구경을 하지 못해서 아쉬운 점을 썼을 것입니다.

어휘 정리

1 (1) **꿀맛**: 꿀처럼 달거나 입맛이 당기는 맛.
  (2) **허겁지겁**: 조급한 마음으로 몹시 허둥거리는 모양.
  (3) **솔깃하다**: 남의 말이나 어떤 일이 좋아 보여 마음이 끌리는 부분이 있다.
     솔직하다: 거짓이나 숨김이 없이 바르고 곧다.

2 '입이 짧다'는 '음식을 심하게 가리거나 적게 먹다.'는 뜻이므로 바르게 쓰인 문장은 (2)입니다. (1)에는 '말이 많지 않고 비밀을 잘 지키다.'라는 뜻의 '입이 무겁다'가, (3)에는 '입맛이 당기어 음식이 맛있다.'라는 뜻의 '입이 달다'가 쓰여야 알맞습니다.

7 DAY

42~45쪽

비법 1 **예시** ①
        연습 1 ⑤   2 매미
비법 2 **예시** ④, ⑤
        연습 1 ④   2 발름발름

비법 1
예시 시의 제목과 시에 자주 나오는 낱말을 통해 '봄비'에 대해 쓴 시임을 알 수 있습니다.

비법 2
예시 '방울방울'은 이슬이 둥글게 맺히거나 떨어지는 모양을 흉내 내는 말이고, '주룩주룩'은 소낙비가 빠르게 자꾸 흐르거나 내리는 소리나 모양을 흉내 내는 말입니다.

연습 1 '새록새록'은 잠든 어린아이가 숨 쉴 때 나는 소리를 흉내 내는 말입니다.

연습 2 '발름발름'은 물체가 조금 넓고 부드럽게 자꾸 벌어졌다 오므라졌다 하는 모양을 흉내 내는 말입니다.

8 DAY

46~49쪽

비법 3 **예시** ④
        연습 1 (1) ○   2 (1) ㉯ (2) ㉱
비법 4 **예시** (1) ○
        연습 1 (2) ○   2 ④

비법 3
예시 오빠가 오면 홍시를 맛보게 해 주고 싶어 홍시를 남겨 두었는데 까마귀가 홍시를 먹어서 미운 말하는 이의 마음이 드러난 시입니다.

연습 2 ❶에는 말하는 이가 병원에서 진료 받기 전 떨리고 긴장하는 마음이, ❷에는 말하는 이가 엄마의 말을 듣고 안심하는 마음이 잘 드러나 있습니다.

비법 4
예시 친구와 떡볶이를 먹으면서 대화하는 내용의 시입니다.

연습 1 동생이 하품을 하는 모습을 보고 쓴 시로, 입 안은 수박 속 같고, 충치는 수박씨 같다고 표현하였습니다.

1 ⑤   2 바람   3 두둥실   4 ④   5 ②   6 승아
7 ①

내용 정리 ❶ 비눗방울   ❷ 하늘   ❸ 날아가는
어휘 정리 1 (1) 날고   (2) 올랐다   (3) 동동동   2 (3) ○

1 비눗방울이 하늘로 날아가는 모습을 보고 쓴 시입니다.

2 비눗방울에게 바람을 타고 구름까지 올라가라고 하였습니다.

3 '동동동', '둥실둥실', '두둥실'은 비눗방울이 하늘에 가볍게 떠서 계속 움직이며 올라가는 모양을 흉내 내는 말입니다.

4 아이들이 비눗방울을 날리는 장면, 비눗방울이 하늘로 날아가는 장면, 아이들이 하늘을 바라보는 장면 등이 떠오르는 시입니다.

5 비눗방울이 날아가는 모습을 보면서 즐겁고 신나는 마음이 들었을 것입니다.

6 '날아라', '올라라'와 같은 반복되는 말과 '동동동', '둥실둥실', '두둥실' 같은 흉내 내는 말이 있어 노래하는 듯한 느낌이 들고 재미가 느껴집니다.

7 '둥실둥실'처럼 물체가 공중이나 물 위에 가볍게 떠서 잇따라 움직이는 모양을 흉내 내는 말로 알맞은 것은 '둥둥'입니다.

어휘 정리

1 (1) **날다**: 공중에 떠서 어떤 위치에서 다른 위치로 움직이다.
   낫다: 병이나 상처 등이 고쳐져 본래대로 되다.
   (2) **오르다**: 아래에서 위쪽으로 움직여 가다.
   조르다: 누구에게 무엇을 해 달라고 자꾸 요구하다.
   (3) **동동동**: 작은 물체가 떠서 움직이는 모양.

2 **○보기○**와 같이 '바람이나 물의 흐름 등에 실려 이동하다.'라는 뜻으로 쓰인 것은 (3)입니다. (1)은 '많은 양의 액체에 적은 양의 액체나 가루를 넣어 섞다.'라는 뜻으로, (2)는 '불씨나 높은 열로 불꽃이 일어나거나 불이 붙어 번지다.'라는 뜻으로 쓰였습니다.

---

1 ⑤   2 ④   3 (2) ○   4 ㉹   5 ③   6 ④, ⑤
7 (3) ○

내용 정리 ❶ 구멍   ❷ 엄마   ❸ 발가락
어휘 정리 1 (1) 기워   (2) 모처럼   (3) 쉬었다   2 (3) ○

1 이 시에서 가장 자주 나오는 낱말은 '발가락'입니다.

2 '꼼틀꼼틀'은 몸의 한 부분을 비틀거나 구부리며 조금씩 자꾸 움직이는 모양을 흉내 내는 말이므로, 발가락이 움직이는 모양을 흉내 내는 말로 알맞습니다.

3 사람이 아닌 발가락을 사람처럼 자기들끼리 논다고 표현한 것이 재미있게 느껴집니다.

4 '서로서로 얼굴을 내민다.'는 양말에 난 구멍으로 발가락 여러 개가 삐져나온 모습을 사람처럼 표현한 것입니다.

5 엄마가 양말을 기워 발가락들은 구멍이 없어진 '캄캄한 세상'에서 다시 살게 되어 답답할 것입니다.

6 이 시는 말하는 이가 신은 양말 구멍으로 발가락이 보여 엄마가 기워 주신 것을 노래한 시입니다.

7 발가락들은 엄마가 양말을 기워서 다시 캄캄한 세상에서 숨도 못 쉬고 살게 되었습니다. 따라서 아이가 양말을 벗으려고 할 때 발가락들이 했을 생각으로 알맞은 것은 (3)입니다.

어휘 정리

1 (1) **깁다**: 구멍이 나거나 닳아서 떨어진 곳에 다른 조각을 대거나 그대로 꿰매다.
   (2) **모처럼**: 아주 오래간만에.
   좀처럼: 어지간해서는 어떤 일이 쉽게 일어나지 않음을 나타내는 말.
   (3) **쉬다**: 입이나 코로 공기를 들이마셨다 내보냈다 하다.

2 **숨 쉴 새가 없다**: 좀 쉴 만한 시간적 여유도 없이 몹시 바쁘다.

11 DAY

비법 1	예시	④
	연습	1 ② 2 꽹과리
비법 2	예시	①
	연습	1 (1) ○ (2) ○ 2 ②

비법 1

예시 나무의 나이테를 보고 알 수 있는 것들을 설명한 글로, 중심 낱말은 '나이테'입니다.

연습 1 옛날 사람들이 사용했던 지도에 대해 설명한 글로, 글에 가장 자주 나오는 낱말이자 중심 낱말은 '지도'입니다.

비법 2

예시 갯벌은 조개나 게, 낙지 등의 생물이 살고 있는 곳입니다.

연습 1 오륜기는 흰색 바탕에 파란색, 노란색, 검정색, 초록색, 빨간색 동그라미가 그려져 있습니다.

연습 2 한반도에서 가장 높은 산은 백두산입니다.

12 DAY

비법 3	예시	①
	연습	1 (1) ○ 2 뺨, 입
비법 4	예시	②
	연습	1 자리 2 ④

비법 3

예시 바람이 부는 방향과 바람이 부는 계절에 따라 우리 조상들이 바람의 이름을 다르게 붙인 내용을 정리한 글입니다.

연습 1 이 글에서 중요한 내용을 담고 있는 부분은 '음식 냄새가 밴 것을 없앨 때 치약을 써요.'입니다.

비법 4

예시 벌새가 매우 빠른 속도로 날 수 있고, 한자리에 가만히 떠 있을 수도 있는 것은 날개를 빠르게 움직일 수 있기 때문이므로 빈칸에 알맞은 낱말은 '날개'입니다.

연습 2 나뭇잎을 초록색으로 보이게 하는 색소인 엽록소가 줄어들어 초록색 색소에 가려 보이지 않던 노란색과 빨간색 색소가 밖으로 보이게 됩니다.

13 DAY

1 ⑤   2 국가   3 ②   4 (1) ○   5 ㉮   6 ⑤

7 (2) ○

내용 정리 ❶ 축구   ❷ 4   ❸ 투표

어휘 정리 1 (1) 결정했다 (2) 겨루어

         2 (1) 참가 (2) 담당

1 세계적인 축구 대회인 월드컵에 대해 설명하는 글로, 가장 중요한 낱말은 '월드컵'입니다.

2 '나라'는 '어떤 땅에 사는 많은 사람들이 세운 조직.'을 뜻하는 말로, '국가'와 바꾸어 쓸 수 있습니다.

3 1938년에 프랑스에서 세 번째 대회가 열린 이후 세계적으로 큰 전쟁이 일어나 12년 동안 월드컵이 열리지 않았습니다.

4 ㉡ 바로 앞부분에 월드컵을 어느 국가에서 열지는 투표로 결정한다고 하였으므로 ㉡에는 '정합니다'가 들어가야 합니다.

5 어느 국가에서 월드컵을 열지를 투표로 정해 나라마다 돌아가면서 월드컵이 열린다는 것이 글 ❷의 주요 내용입니다.

6 월드컵은 4년에 한 번씩 나라마다 돌아가면서 열리는 세계적인 축구 대회입니다. 월드컵이 처음 열린 나라는 우루과이입니다.

7 2002년에 우리나라와 일본에서 공동으로 월드컵이 열렸으므로 (1)은 월드컵과 올림픽의 다른 점이라고 할 수 없습니다.

어휘 정리

1 (1) **결정하다**: 행동이나 태도를 분명하게 정하다.
     걱정하다: 안심이 되지 않아 속을 태우다.
   (2) **겨루다**: 서로 버티어 승부를 다투다.
     이루다: 뜻한 대로 되게 하다.

2 (1) **참가하다**: 회의나 모임 등의 자리에 가서 함께하다.
   (2) **담당하다**: 어떤 일을 맡다.

1 꼬미 2 ②, ③, ⑤ 3 ③ 4 ㉮ 5 짖지
6 ④ 7 너구리

내용 정리 ❶ 강아지 ❷ 순하다 ❸ 냄새

어휘 정리 1 (1) 낯선 (2) 매끄럽다 (3) 늘어져
2 (1) ○

1 글쓴이네 집에서 키우게 된 강아지 꼬미를 소개하는 글입니다.

2 꼬미는 수컷 강아지이고 달리기와 공놀이를 좋아한다고 했습니다.

3 ③은 꼬미의 나이를 알 수 있는 부분입니다.

4 글 ❸은 꼬미의 성질에 대해 소개한 부분으로, 꼬미가 매우 활발하고 순하다는 것이 주요 내용입니다.

5 ㉠에는 '개가 크게 소리를 내다.'라는 뜻을 지닌 '짖지'가 들어가야 알맞습니다. '짓다'는 '재료를 들여 밥, 옷, 집 등을 만들다'라는 뜻이고, '짙다'는 '보통 정도보다 빛깔이 강하다.'라는 뜻입니다.

6 ㉡ 뒤에 '맡는다'라는 말이 나오므로 ㉡에는 '냄새를'이 들어가야 알맞습니다.

7 너구리는 냄새로 먹이를 찾을 정도로 코가 발달했다고 했습니다.

어휘 정리

1 (1) **낯설다**: 전에 본 기억이 없어 익숙하지 않다.
　　최선: 가장 좋고 훌륭함. 또는 그런 일.
 (2) **매끄럽다**: 저절로 밀려 나갈 정도로 거친 데가 없이 보드랍다.
 (3) **늘어지다**: 물체의 끝이 아래로 처지다.
　　멀어지다: 거리가 많이 떨어지게 되다.

2 **귀를 기울이다**: 남의 말이나 이야기에 관심을 가지고 주의 깊게 듣다.

1 ⑤ 2 나눌 3 뉴턴 4 ④ 5 ③ 6 예슬
7 (2) ○

내용 정리 ❶ 7 ❷ 특별하게 ❸ 같게

어휘 정리 1 (1) 나서 (2) 갈라서 (3) 이어져
2 (1) ○

1 무지개의 색깔에 대한 여러 가지 사실을 설명하는 글입니다.

2 '가르다'는 '물건을 쪼개거나 나누다.'라는 뜻이므로 '나눌'과 바꾸어 쓸 수 있습니다.

3 무지개의 색깔을 일곱 가지로 처음 나눈 사람은 과학자 뉴턴입니다.

4 실제 무지개 색깔은 수백 가지도 넘는 색으로 이루어져 있다는 것이 글 ❷의 주요 내용입니다.

5 ㉡ 앞에 나온 내용으로 보아 미국, 멕시코, 아프리카에서 무지개를 표현하는 색깔이 각각 다르다는 것을 짐작할 수 있습니다. 따라서 ㉡에는 '달라요'라는 말이 들어가야 알맞습니다.

6 무지개는 비가 온 뒤에 햇빛이 나면 볼 수 있고, 모든 나라가 무지개를 같은 색으로 그리지 않습니다. 또 실제 무지개의 색깔은 수백 가지도 넘는 색으로 이루어져 있습니다.

7 미국에서는 빨강, 주황, 노랑, 초록, 파랑, 보라, 여섯 가지 색깔로 무지개를 그립니다. (1)은 아프리카, (3)은 우리나라에서 그린 무지개 그림입니다.

어휘 정리

1 (1) **나다**: 햇빛 등이 나타나다.
 (2) **가르다**: 나누어 따로 되게 하다.
 (3) **이어지다**: 끊어지지 않고 계속되다.

2 **하늘과 땅**: 둘 사이에 큰 차이나 거리가 있다.

16 DAY

1 안데르센 2 ④ 3 콜린, 학교 4 ③ 5 세
6 ③, ⑤ 7 (2) ○

내용 정리 ❶ 배우 ❷ 콜린 ❸ 동화
어휘 정리 1 (1) 형편 (2) 환상 2 ㉮

1 동화 작가 안데르센에 대해 쓴 글입니다.

2 ㉠ 뒤에 나오는 '대신 글을 쓰기 시작했어요.'라는 내용으로 보아, 안데르센이 배우가 되는 꿈을 포기했다고 짐작하는 것이 알맞습니다.

3 안데르센이 열일곱 살 때, 왕립 극단 감독 콜린의 도움으로 문법 학교에 들어가 공부를 했다는 것이 글 ❸의 주요 내용입니다.

4 『즉흥 시인』은 천재 시인의 성공과 사랑에 대한 이야기로, 어린이들을 위해 쓴 동화가 아닙니다.

5 나이를 셀 때 붙이는 말에는 '세'와 '살'이 있습니다. 글 ❺에서는 '세'가 쓰였습니다. ㉠ 삼십 세, 서른 살

6 가난한 구두 수선공의 아들로 태어난 안데르센은 배우의 꿈을 이루기 위해 열네 살 때 코펜하겐에 갔고, 열일곱 살 때 학교에 들어갔습니다

7 크고 못생겨서 친구들과 형제들에게 늘 따돌림을 받았던 아기 오리가 사실은 아름다운 백조였다는 내용의 동화를 통해 안데르센은 누구나 아름다운 사람이므로 최선을 다해 살아야 한다는 것을 말하고 싶었을 것입니다.

어휘 정리

1 (1) **형편없이**: 실망스러울만큼 정도가 심하게.
  (2) **환상**: 실제로는 있을 수 없거나 일어날 수 없는 일을 꿈꾸는 것. 또는 그런 꿈이나 생각.

2 **꿈에도 생각지 못하다**: 전혀 생각하지 못하다.

17 DAY

1 ⑤ 2 ④ 3 ④ 4 (2) ○ 5 ③ 6 다섯
7 (3) ○

내용 정리 ❶ 손 ❷ 코 ❸ 끈
어휘 정리 1 (1) 오염 (2) 착용 (3) 밀착
  2 (1) ○

1 올바른 마스크 착용 방법을 안내해 주는 글로, 가장 많이 나오는 중심 낱말은 '마스크'입니다.

2 마스크를 착용하기 전에 흐르는 물에 비누로 손을 깨끗이 씻어야 합니다.

3 손으로 마스크를 만졌다면 흐르는 물에 비누로 깨끗이 씻어야 할 부분은 '손'입니다.

4 ㉡에 쓰인 '잡다'는 '손으로 쥐고 놓지 않다.'라는 뜻으로 쓰였으므로 같은 뜻으로 쓰인 것은 (2)입니다. (1)에 쓰인 '잡다'는 '자동차 등을 타기 위하여 세우다.'라는 뜻으로 쓰였습니다.

5 마스크를 쓸 때는 입과 코, 턱을 완전히 가리고, 마스크 안에 수건이나 휴지 등을 넣지 않습니다. 한 번 사용한 마스크는 다시 사용하지 않고, 마스크를 쓰고 있는 동안에는 마스크 겉면을 손으로 만지지 않습니다.

6 글 ❻에 먼지나 세균에 오염됐을 수도 있기 때문에 한 번 사용한 마스크를 다시 사용하면 안 된다고 까닭을 밝혀 설명했습니다.

7 그림 속 여자아이는 마스크 겉면을 손으로 만지고 있습니다. 여자아이에게 마스크를 쓰는 동안에는 마스크를 만지지 말라는 말을 해 주는 것이 알맞습니다.

어휘 정리

1 (1) **오염되다**: 더럽게 물들다.
  (2) **착용하다**: 옷이나 신발, 모자, 액세서리 등을 입거나 신거나 쓰거나 차거나 하다.
  (3) **밀착하다**: 빈틈없이 단단히 붙다.

2 엄마가 피곤하셔서 청소하는 것을 잠시 멈추셨다는 뜻이 되어야 하므로 '손을 놓고'가 알맞습니다.

18 DAY

1 사방치기   2 자주 했다   3 ③   4 ①   5 ③, ⑤
6 ㉮ → ㉰ → ㉯ → ㉭   7 (3) ○

내용 정리   ❶ 사방치기   ❷ 돌   ❸ 하늘

어휘 정리   1 (1) 양발   (2) 납작하다   (3) 닿을
          2 (2) ○

1 옛날부터 내려오는 전통 놀이인 사방치기에 대해 설명하는 글이므로 중심 낱말은 '사방치기'입니다.

2 '즐기다'는 '어떤 것을 좋아하여 자주 하다.'라는 뜻입니다.

3 사방치기는 놀이 방법이 어렵지 않고 시간도 오래 걸리지 않으며 납작한 돌과 평평한 땅만 있으면 할 수 있습니다. 또 혼자서도 할 수 있고, 여러 명이 함께 할 수도 있습니다.

4 글 ❷는 사방치기를 하는 방법을 차례대로 설명한 부분입니다.

5 돌을 2번 칸에 던졌을 때, 양발로 동시에 땅을 밟아야 하는 칸은 4번 칸과 5번 칸, 7번 칸과 8번 칸입니다.

6 먼저 땅에 놀이판을 그리고 1번 칸에 돌을 던진 뒤, 2번 칸부터 8번 칸까지 갔다가 되돌아오면서 돌을 주워 와야 합니다. 그리고 8번 칸까지 끝나면 '하늘' 칸에 돌을 던지고 되돌아오면서 돌을 주워 오면 놀이에서 이깁니다.

7 (1)의 아이는 납작한 돌을 사용하지 않았고, (2)의 아이는 평평한 땅에서 하지 않았으므로 잘못된 방법으로 사방치기 놀이를 하였습니다.

어휘 정리

1 (1) **양발**: 양쪽의 두 발.
   (2) **납작하다**: 판판하고 얇으면서 좀 넓다.
      뾰족하다: 물체의 끝이 가늘고 날카롭다.
   (3) **닿다**: 어떤 물체가 다른 물체에 맞붙어 사이에 빈틈이 없게 되다.
      낳다: 배 속의 아이, 새끼, 알을 몸 밖으로 내놓다.

2 **손에 땀을 쥐다**: 아슬아슬하여 마음이 몹시 조마조마하다.

19 DAY

1 ②, ⑤   2 (3) ○   3 ①   4 햇볕   5 풀뿌리
6 ③   7 (2) ○

내용 정리   ❶ 여름잠   ❷ 까나리   ❸ 체온

어휘 정리   1 (1) 축축해졌다   (2) 대표적
          2 (1) ○

1 글의 제목이나 글에 자주 나오는 낱말은 '여름잠'과 '동물'입니다.

2 여름잠을 자는 동물의 종류를 설명하기 위해 쓴 글입니다.

3 ㉠에 쓰인 '나다'는 '계절이나 기간을 보내다.'라는 뜻으로 쓰였습니다.

4 달팽이는 더운 여름에 몸이 마르지 않도록 축축한 땅속 틈에서 여름잠을 잔다는 내용에서 달팽이가 햇볕에 약하다는 것을 짐작할 수 있습니다.

5 무당벌레는 여름에 체온이 올라가는 것을 막기 위해 풀뿌리에 숨어서 여름잠을 잡니다.

6 더운 여름이면 껍데기 입구를 하얀 막으로 막아 버리고 축축한 땅속 틈에서 여름잠을 자다가 비가 오면 활동을 하는 동물은 '달팽이'입니다.

7 까나리는 5월이나 6월이 되면 바다의 모랫바닥을 파고 들어가 얼굴만 살짝 내놓고 여름잠을 잡니다.

어휘 정리

1 (1) **축축하다**: 물기가 있어 젖은 듯하다.
      촘촘하다: 틈이나 간격이 매우 좁거나 작다.
   (2) **대표적**: 어떤 집단이나 분야를 대표할 만큼 가장 두드러지거나 뛰어난 것.
      감동적: 강하게 느껴 마음이 움직이는 것.

2 **얼굴을 내밀다**: 어떤 일이나 모임에 모습을 드러내다.

1 ③　2 ③　3 (1) ○　4 ④　5 **②**

6 (2) ○ (3) ○　7 민재

내용 정리 ❶ 만년필 ❷ 잉크 ❸ 볼펜

어휘 정리 1 (1) 도중 (2) 시도 (3) 대량　2 (1) ○

1 볼펜이 어떻게 만들어졌는지를 설명하는 글로, 이 글을 대표하는 낱말은 '볼펜'입니다.

2 글 **❶**에 만년필의 불편한 점이 나옵니다. 만년필이 튼튼하지 못해 금방 망가진다는 내용은 이 글에 나오지 않습니다.

3 ㉠에 쓰인 '마르다'는 '물기가 다 날아가서 없어지다.'라는 뜻으로 쓰였으므로 같은 뜻으로 쓰인 것은 (1)입니다. (2)에 쓰인 '마르다'는 '살이 빠져 야위다.'라는 뜻으로 쓰였습니다.

4 ㉡의 앞뒤 내용을 통해 라슬로는 글을 쓸 때 종이가 찢어지지 않게 하려고 잉크를 넣은 긴 관 끝에 쇠구슬을 끼웠다는 것을 알 수 있습니다. 따라서 쇠구슬을 꾸며 주는 말로 알맞은 것은 '작고 동그란'입니다.

5 글 **❷**는 비로 형제가 여러 번의 시도 끝에 볼펜을 발명하는 데 성공한 내용을 쓴 부분입니다.

6 비로 형제가 처음 볼펜을 발명하였고, 프랑스의 한 문구 회사에서 대량으로 볼펜을 만들면서 전 세계로 퍼지게 되었습니다.

7 글 **❷**에 비로 형제가 만년필의 불편한 점을 해결할 필기도구를 만들기 위해 노력하는 모습이 나타나 있으므로 민재가 말한 내용은 알맞지 않습니다.

어휘 정리

1 (1) **도중**: 일이 계속되고 있는 과정이나 일의 중간.
　(2) **시도**: 어떤 것을 이루어 보려고 계획하거나 행동함.
　(3) **대량**: 아주 많은 양.

2 글씨를 쓸 때 잉크가 흘러내리지 않게 머리를 써서 해결 방법을 생각해 내라는 뜻이 되어야 하므로 '머리를 굴려'가 알맞습니다.

1 똥　2 먹이　3 ②, ④　4 ⑤　5 (2) ○　6 ⑤

7 영양분

내용 정리 ❶ 초식 ❷ 장 ❸ 묽은

어휘 정리 1 (1) 묽어서 (2) 보충하려고 (3) 흡수되어
　　　　　　2 (1) ○

1 이 글은 토끼가 자기 똥을 먹는 까닭에 대해 쓴 글이므로 중요한 낱말은 '토끼'와 '똥'입니다.

2 ㉠ 뒤에 초식 동물은 식물을 먹고 사는 동물을 말하고, 육식 동물은 다른 동물을 잡아먹고 사는 동물을 말한다고 한 것에서 먹는 먹이에 따라 동물을 나눈 것임을 알 수 있습니다.

3 토끼는 풀이나 나뭇잎 등을 먹고 사는 초식 동물입니다. 토끼는 부드럽고 묽은 형태의 똥과 단단하고 동글동글한 형태의 똥을 쌉니다.

4 '흡수하다'는 '빨아서 거두어들이다.'라는 뜻입니다.

5 ㉢은 토끼의 종류를 설명한 문장으로, 토끼가 부족한 영양분을 스스로 보충하기 위해 자신의 똥을 먹는다는 글 **❸**의 내용과는 어울리지 않습니다. 따라서 ㉢은 빼는 것이 바람직합니다.

6 글 **❸**에서 가장 중요한 내용은 토끼가 부족한 영양분을 보충하기 위해 자신의 똥을 먹는다는 것입니다.

7 쇠똥구리는 필요한 영양분을 얻기 위해 초식 동물이 싼 똥을 먹고, 새끼 코알라는 소화에 필요한 세균과 영양분이 어미 코알라 똥에 들어 있어서 먹는다고 했습니다. 따라서 토끼와 쇠똥구리, 새끼 코알라의 공통점은 영양분을 얻기 위해서 똥을 먹는다는 것입니다.

어휘 정리

1 (1) **묽다**: 죽이나 반죽 등이 보통 정도에 비하여 물기가 많다.
　　　붉다: 빛깔이 핏빛 또는 익은 고추의 빛과 같다.
　(2) **보충하다**: 부족한 것을 보태어 채우다.
　　　보살피다: 정성을 기울여 보호하며 돕다.
　(3) **흡수되다**: 안이나 속으로 빨려 들어가다.
　　　배출되다: 안에서 밖으로 밀려 내보내지다.

2 **낮이나 밤이나**: 언제나 늘.

1 ①, ③　2 땅, 얼음덩어리　3 ②　4 ②　5 (1) ○
6 다양한　7 (1) ○

내용 정리　❶ 남극　❷ 바다　❸ 따뜻해서

어휘 정리　1 (1) 굳었다　(2) 거대한　(3) 머물다가
　　　　　　　2 (2) ○

1 남극과 북극의 차이점을 설명하는 글로, 이 글을 대표하
　는 낱말은 '남극'과 '북극'입니다.

2 『 』부분을 읽고 남극에 대한 중요한 내용을 정리해 봅니
　다.

3 ㉠에 쓰인 '두껍다'는 '얼음의 두께가 보통의 정도보다 크
　다.'라는 뜻으로 쓰였으므로 뜻이 반대인 낱말은 '얇다'입
　니다.

4 남극은 지구에서 날씨가 가장 추운 곳이기 때문에 사람
　이 살지 않습니다.

5 북극은 지구의 북쪽 끝에 있는 커다란 바다로, 남극보다
　따뜻해서 사람이 살고 있습니다.

6 ㉡ 바로 앞부분에 북극은 남극보다 많은 종류의 동물이
　살고 있다는 내용이 나오므로, ㉡에는 '여러 가지로 많
　다.'는 뜻을 지닌 '다양한'이 들어가야 알맞습니다.

7 글 ❶에 남극은 날씨가 추워 펭귄 정도만 살고 있다는 내
　용이 나오므로 남극을 설명할 때 (1)이 어울립니다. (2)는
　북극곰 사진으로, 북극에 대해 설명할 때 보여 주면 좋습
　니다.

어휘 정리

1 (1) **굳다**: 무르던 것이 단단하거나 딱딱하게 되다.
　　　구르다: 바퀴처럼 돌면서 옮겨 가다.
　(2) **거대하다**: 엄청나게 크다.
　　　위대하다: 뛰어나고 훌륭하다.
　(3) **머물다**: 어떤 곳에서 잠깐 묵거나 살다.

2 갑자기 내린 눈으로 탐험가들이 남극에서 꼼짝도 하지
　못했다는 뜻이 되어야 하므로 '몸을 움직일 수 없는 처지
　가 되다.'라는 뜻의 '발이 묶여 있다'가 알맞습니다.

비법 1　예시　⑤
　　　　연습　1 공부　2 (2) ○

비법 2　예시　③
　　　　연습　1 (1) 안전 속도　(2) 안전거리
　　　　　　　2 (2) ○

비법 1

예시 불량 식품을 먹으면 안 된다는 생각을 전하기 위해 쓴
글입니다.

연습 2 성재가 교장 선생님께 학교 도서관 이용 시간을 늘려
달라는 부탁을 하려고 쓴 편지입니다.

비법 2

예시 식사 전에 물을 많이 마시면 배가 불러 음식을 많이 먹
지 못하게 됩니다.

연습 2 텔레비전을 많이 봐서 안경을 쓰는 어린이들이 늘고
있으므로 텔레비전을 보는 시간을 줄여야 한다고 했습니다.

24 DAY

120~123쪽

비법 3　예시　(2) ○
　　　　연습　1 (1) ○　2 성훈

비법 4　예시　①
　　　　연습　1 (3) ○　2 승환

비법 3

예시 거리 곳곳에 쓰레기통이 있으면 사람들이 쓰레기를 쓰
레기통에 버릴 것이라는 글쓴이의 생각에 대해 바르게 판단
한 친구는 세윤이입니다.

연습 1 정리를 잘한다고 해서 물건을 싸게 살 수 있는 것은
아니기 때문에 글쓴이의 생각이 옳지 않다고 판단하는 것은
알맞지 않습니다.

비법 4

예시 듣는 사람의 기분이 좋아지도록 고운 말을 써서 말한
친구는 준아입니다.

연습 2 글쓴이의 생각과 같이 나눔을 실천한 친구는 승환이
입니다.

1 ④   2 ①   3 (1) 장바구니 (2) 손수건 (3) 종이컵
4 줄일   5 ④   6 상준   7 (3) ◯

내용 정리   ❶ 일회용품   ❷ 장바구니   ❸ 유리컵
어휘 정리   1 (1) 실천할 (2) 평소에 (3) 걸린다
         2 (2) ◯

1 환경 오염의 원인이 되는 일회용품 사용을 줄이자는 글
쓴이의 생각을 쓴 글입니다.

2 일회용품을 사용하면 편리해서 좋다고 했습니다.

3 일회용품을 줄이기 위해 생활 속에서 실천할 수 있는 일
로 비닐봉지 대신 장바구니를, 종이 타월이나 물티슈 대
신 손수건을, 종이컵 대신 유리컵이나 텀블러 등을 사용
해야 한다고 하였습니다.

4 물건을 장바구니에 담으면 비닐봉지 사용을 줄일 수 있
습니다.

5 ⓛ에 쓰인 '베다'는 '날이 있는 연장으로 자르거나 끊다.'
라는 뜻으로 쓰였으므로 같은 뜻으로 쓰인 것은 ④입니
다. ㉮에 쓰인 '베다'는 '누울 때, 베개 따위를 머리 아래
에 받치다.'라는 뜻으로 쓰였습니다.

6 일회용품을 많이 사용하면 편식을 할 수 있기 때문에 글
쓴이의 생각이 옳지 않다고 말한 효주의 생각은 바르지
않습니다.

7 일회용 나무젓가락으로 급식을 먹거나 비에 젖은 우산을
비닐봉지에 넣는 것은 일회용품을 줄이는 예로 알맞지
않습니다.

어휘 정리

1 (1) **실천하다**: 마음먹은 일을 실제로 하다.
     실패하다: 일을 잘못하여 뜻한 대로 되지 않거나 망치다.
   (2) **평소에**: 특별한 일이 없는 보통 때에.
   (3) **걸리다**: 시간이 들다.
     빌리다: 남의 물건이나 돈 등을 나중에 도로 돌려주거
       나 대가를 갚기로 하고 얼마 동안 쓰다.

2 일회용품 쓰레기 때문에 전 세계가 많은 고민을 하고 있
다는 뜻이 되어야 하므로 '골치를 앓고'가 알맞습니다.

1 엄마   2 ①   3 ⑤   4 (3) ◯   5 ④   6 옳다고
7 (2) ◯

내용 정리   ❶ 성규   ❷ 미루지   ❸ 시간   ❹ 엄마
어휘 정리   1 (1) 낭비하지 (2) 한참   2 (2) ◯

1 엄마가 아들 성규에게 쓴 편지입니다.

2 성규는 놀이터에서 놀다 온 뒤에 바로 씻지도 않고 텔레
비전만 보다가 저녁을 먹고 나서 방에 한참 있다가 씻었
습니다. ④와 ⑤에 대한 내용은 이 글에는 나타나 있지
않습니다.

3 ㉠은 해야 할 일을 미루는 성규의 모습을 안타깝게 여기
는 엄마의 마음이 잘 드러난 부분입니다.

4 ㉡은 양치질이나 세수처럼 하기 싫어도 꼭 해야 하는 일
을 가리킵니다.

5 이 편지에는 성규에게 자기 할 일을 미루지 않고 스스로
해 내기를 바라는 엄마의 생각이 담겨 있습니다.

6 해야 할 일을 미루지 말자는 글쓴이의 생각에 대해 우영
이는 옳다고 생각한다는 자신의 생각을 말하고 있습니다.

7 할 일을 미루지 말자는 글쓴이의 생각과 비슷한 생각을
가지고 행동한 친구는 (2)입니다.

어휘 정리

1 (1) **낭비하다**: 시간이나 재물 등을 헛되이 헤프게 쓰다.
     절약하다: 함부로 쓰지 않고 꼭 필요한 데에만 써서
       아끼다.
   (2) **한참**: 시간이 꽤 지나는 동안.
     한가득: 꽉 차도록 가득.

2 '귀가 따갑다'는 '너무 여러 번 들어서 듣기가 싫다.'라는
뜻의 관용어입니다.

27 DAY

1 마음, 전하는 날   2 ④   3 ②   4 ⑶ ○   5 ③
6 ⑵ ○   7 ④

내용 정리   ❶ 친구   ❷ 편지   ❸ 사이좋게

어휘 정리   1 ⑴ 전하는   ⑵ 의심하는   ⑶ 쑥스러웠다
2 ⑵ ○

1 매주 금요일을 친구에게 '마음을 전하는 날'로 정할 것을 제안하는 글입니다.

2 지난주 월요일에 교실에서 글쓴이가 잃어버린 지우개를 서영이가 찾아 주었지만, 글쓴이는 오해를 해서 서영이와 다투었습니다.

3 서영이를 오해한 사실을 나중에 알고는 쑥스러워 말을 못했다고 했으므로 글쓴이는 서영이에게 미안한 마음이 들었을 것입니다.

4 매주 금요일을 친구에게 편지로 마음을 전하는 날로 정하면 반 친구들과 더 사이좋게 지낼 수 있다고 했습니다.

5 '싸우다'는 '말, 힘, 무기 등을 가지고 서로 이기려고 다투다.'라는 뜻입니다.

6 친구에게 편지로 마음을 전하는 날을 정하자는 글쓴이의 생각에 대한 까닭으로 편지보다는 선물이 좋다는 것은 알맞지 않습니다.

7 현수는 글쓴이처럼 친구에게 미안한 마음을 전하지 못했던 경험을 말하였습니다.

어휘 정리

1 ⑴ **전하다**: 어떤 소식, 생각 등을 상대에게 알리다.
  ⑵ **의심하다**: 확실히 알 수 없어서 믿지 못하다.
    용서하다: 잘못이나 죄에 대하여 너그럽게 덮어 주다.
  ⑶ **쑥스럽다**: 하는 짓이나 모양이 자연스럽지 못하거나 어울리지 않아 부끄럽다.
    부럽다: 남의 좋은 일이나 물건을 보고 자기도 그런 일을 이루거나 그런 물건을 가졌으면 하고 바라는 마음이 있다.

2 **마음이 통하다**: 서로 생각이 같아 이해가 잘되다.

28 DAY

1 ④   2 ⑵ ○   3 소중함   4 ①, ④   5 ⑴ ○
6 태영   7 ⑵ ○

내용 정리   ❶ 시간   ❷ 시간표   ❸ 더

어휘 정리   1 ⑴ 계획   ⑵ 유명   ⑶ 소중   2 ⑵ ○

1 이 글에서 가장 중요한 낱말은 '시간'입니다.

2 소중한 시간을 아껴 쓰기 위해 노력하자는 글쓴이의 생각이 담긴 글입니다.

3 '시간은 금이다.'라는 말은 '시간은 금처럼 귀하다.'라는 뜻으로, 시간의 소중함을 강조한 말입니다.

4 시간을 아껴 쓰기 위해서는 시간표를 짜고 그대로 실천하고, 해야 할 일 중에서 더 중요한 일부터 해야 한다고 했습니다.

5 '아끼다'는 '물건이나 돈, 시간 등을 함부로 쓰지 않다.'라는 뜻이고, '낭비하다'는 '시간이나 재물 따위 등을 헛되이 헤프게 쓰다.'라는 뜻이므로 서로 뜻이 반대되는 낱말입니다. '중요하다'는 '귀중하고 꼭 필요하다.'라는 뜻이고, '소중하다'는 '매우 귀중하다.'라는 뜻이므로 서로 비슷한 뜻의 낱말입니다.

6 '시간을 아껴 쓰자.'라는 글쓴이의 생각에 대해 알맞은 까닭을 들어 자신의 생각을 바르게 말한 친구는 태영이입니다.

7 ⑴은 무엇을 먹을지 생각하다가 한 가지를 고른 행동에 해당하는 것이므로 해야 할 일 중에서 더 중요한 일부터 한 행동으로 볼 수 없습니다. ⑵는 무엇을 할지 고민하다가 더 중요한 숙제부터 한 것이므로 글쓴이가 말한 것을 바르게 이해한 것입니다.

어휘 정리

1 ⑴ **계획**: 앞으로의 일을 자세히 생각하여 정함.
  ⑵ **유명하다**: 이름이 널리 알려져 있다.

2 **시간 가는 줄 모르다**: 몹시 바빠 진행되거나 어떤 일에 몰두하여 시간이 어떻게 지났는지 알지 못하다.

DAY

1 ③　2 (1) 사람　(2) 자연　3 (1) ○
4 야생 동물 보호 구역　5 (1) ○　6 희철　7 (2) ○

내용 정리 ❶ 좁은　❷ 동물원　❸ 없애야

어휘 정리 1 (1) 우리　(2) 복지　(3) 야생　2 (2) ○

1 동물들을 보호하기 위해 동물원을 없애자는 생각을 쓴 글입니다.

2 동물원은 사람들이 동물을 구경하기 위해 만든 시설입니다. 동물들은 마음껏 뛰어다닐 수 있는 넓은 자연 속에서 살아야 합니다.

3 동물들이 좁은 우리에 갇혀 살아서 스트레스를 많이 받는다고 했으므로 ㉠은 '짐승을 가두어 기르는 곳.'이라는 뜻으로 쓰였습니다.

4 글의 가운데 부분에 동물을 보호하기 위해서 동물원보다는 야생 동물 보호 구역을 만드는 것이 더 바람직하다고 하였습니다.

5 동물원에 있는 동물은 넓은 자연에서 살 자유를 사람들에게 강제로 빼앗긴 것이라는 내용에서 동물원의 동물들은 자유가 없다는 것이 문제임을 알 수 있습니다.

6 동물원을 없애면 동물들이 자유를 누릴 수 있게 되기 때문에 희철이가 말한 것은 알맞지 않습니다.

7 (1)은 멸종 위기에 놓인 판다 새끼를 동물원에서 볼 수 있다는 신문 기사로, 동물원이 있어야 한다는 생각이 담겨 있습니다. (2)는 동물원에서의 돌고래 체험 프로그램은 동물 학대라는 신문 기사로, 동물원을 없애야 한다는 생각이 담겨 있습니다.

어휘 정리

1 (1) **우리**: 짐승을 가두어 기르는 곳.
　(2) **복지**: 편안하고 행복하게 사는 삶.
　(3) **야생**: 산이나 들에서 저절로 나서 자람. 또는 그런 동물이나 식물.

2 동물원의 좁은 우리에 갇혀 이상 행동을 보이는 동물들을 보니 불쌍한 생각이 들어 마음이 아팠다는 뜻이 되어야 하므로 '가슴이 아렸다'가 알맞습니다.

 DAY

1 ③　2 (3) ○　3 (1) ㉲　(2) ㉺　(3) ㉴　4 (3) ○
5 휴식　6 연우　7 (2) ✕

내용 정리 ❶ 신호등　❷ 노란색　❸ 멈췄다가

어휘 정리 1 (1) 휴식　(2) 배려하여　2 (1) ○

1 '신호등이 노란색으로 바뀌면 잠시 멈추자.', '교통 신호를 잘 지키자.'와 같은 생각을 전하기 위해 만든 광고입니다.

2 신호등이 노란색으로 바뀌면 잠시 쉬어 가라는 내용의 광고입니다.

3 사과는 초록색 신호등을, 오렌지는 노란색 신호등을, 토마토는 빨간색 신호등을 표현한 말입니다.

4 ㉠과 (3)의 '쉬다'는 '잠시 머무르다.'의 뜻으로 쓰였습니다. (1)의 '쉬다'는 '음식 따위가 상하여 맛이 조금 시게 변하다'의 뜻으로 쓰였고, (2)의 '쉬다'는 '목청에 탈이 나서 목소리가 거칠어지고 잘 나오지 않게 되다.'라는 뜻으로 쓰였습니다.

5 광고의 끝부분에서 '오렌지는 잠시 쉬어 가라는 휴식의 메시지'라고 하였습니다.

6 광고에서 말한 대로 신호등을 잘 지키면 교통사고를 줄일 수 있습니다. 기찬이는 알맞지 않은 까닭을 들어 광고에 담긴 생각을 판단하였습니다.

7 차의 크기와 상관없이 멈춰 있는 차는 곧 움직일 수 있으므로 차 주변에서 노는 것은 위험합니다.

어휘 정리

1 (1) **휴식**: 하던 일을 멈추고 잠깐 쉼.
　(2) **배려하다**: 도와주거나 보살펴 주려고 마음을 쓰다.
　　넉넉하다: 크기나 수량 따위가 적거나 부족하지 않고 충분하다.

2 동생이 빨간불일 때 길을 건너다가 사고가 날까 봐 형이 매우 겁이 났다는 뜻이 되어야 하므로 '간이 콩알만 해졌어요'가 알맞습니다.

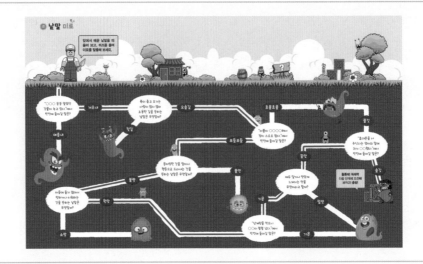

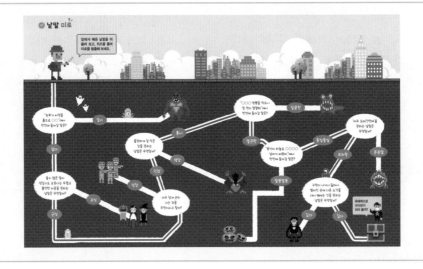

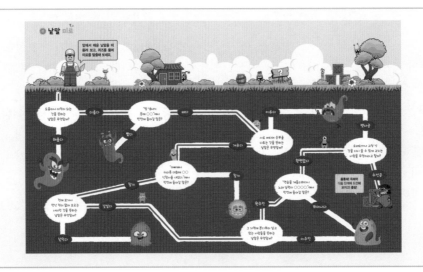

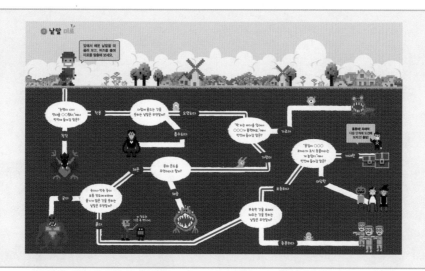

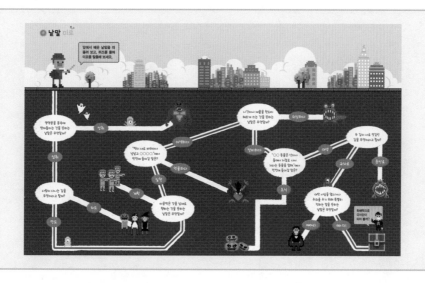

40쪽

60쪽

114쪽

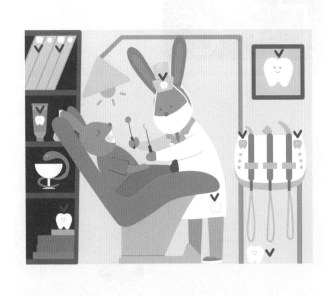

150쪽

길벗스쿨